Matthias Hackemann
Orakel, Seher und Propheten

Matthias Hackemann

Orakel, Seher und Propheten

Wie die Antike in die Zukunft sah

Anaconda

Die Deutsche Nationalbibliothek verzeichnet diese Publikation in der Deutschen Nationalbibliografie; detaillierte bibliografische Daten sind im Internet unter http://dnb.d-nb.de abrufbar.

Umschlagmotiv: Michelangelo (1475–1564), »Die Delphische Sibylle«, Deckengemälde in der Sixtinischen Kapelle [vor der Restaurierung], © Photo Scala, Florenz
Umschlaggestaltung: dyadesign, Düsseldorf, www.dya.de
Satz und Layout: InterMedia, Ratingen
Printed in Czech Republic 2010
ISBN 978-3-86647-321-8
www.anacondaverlag.de
info@anaconda-verlag.de

Inhalt

Kapitel 1

Die antike Kunst der Weissagung

Der menschliche Wunsch, kommende Ereignisse vorherzusehen, ist schon in den frühesten historischen Zeugnissen fest verankert. Aus dem Glauben an Götter und deren übermenschliche Fähigkeiten hatte sich zudem die Vorstellung entwickelt, diese Mächte besäßen entsprechende Kenntnisse über die Zukunft. Infolgedessen erhoffte man sich auf das Bevorstehende nicht nur göttliche Hinweise, vielmehr war allgemein die religiöse Überzeugung verbreitet, man würde solche Zeichen auch tatsächlich in diversen, allerdings stets verschlüsselten, Formen erhalten.

Die Kunst, Signale dieser Art erfolgreich zu erbitten oder spontan zu empfangen, sie zu unterscheiden, zu deuten und anderen Menschen mitzuteilen – all das war die Aufgabe von Medien, Priestern, Sehern und Propheten, die an festen Orakelstätten oder ortsunabhängig tätig sein konnten.

Alt ist die Ansicht, schon seit mythischen Zeiten überliefert, und im römischen sowie allen anderen Völkern übereinstimmend verwurzelt, dass unter den Menschen gewisse seherische Fähigkeiten vorkommen, von den Griechen Mantik genannt: Gemeint ist damit eine gewisse Vorahnung, ja geradezu eine Wissenschaft hinsichtlich zukünftiger Ereignisse.

Cicero, De divinatione I 1

Die erhaltenen Orakel und Weissagungen der Antike, das heißt des klassischen griechisch-römischen Kulturkreises, setzen mit Homers *Ilias* im 8. Jahrhundert v. Chr. ein und reichen bis etwa 400 n. Chr., als die letzten noch verbliebenen Orakelstätten auf

Anordnung der christlichen Kaiser geschlossen wurden und der mantischen Kunst antiker Prägung durch strikte Verbote ein Ende gesetzt wurde.

Die Bedeutung der Weissagung insgesamt

Die Mantik war fest in der Gesellschaft verwurzelt und genoss sowohl bei Privatpersonen als auch im öffentlichen Leben, ja sogar in der Staatspolitik einen teilweise sehr hohen Stellenwert. In zahllosen schwierigen Situationen suchte man die Hilfe mantischer Ratsprüche, und so erstreckte sich das Themenspektrum der Zukunftsdeuter von Fragen der Kriegsführung bis hin zu Aspekten der persönlichen Karriereplanung.

Doch Zeichendeutung und Orakelwesen waren längst nicht nur bei ausweglos scheinenden Problemen gefragt. Zahlreiche satirische und humoristische Ausführungen illustrieren die mitunter übermäßige Neigung, sich der Weissagung zu bedienen. So prangert der ältere Plinius z.B. pointiert den Einfluss der Eingeweideschau auf die Staatsführung des Römischen Reiches an:

Die Tiere lenken unsere Magistrate, erlauben oder verbieten ihnen Tag für Tag, ihren Amtsgeschäften nachzugehen. Sie befehlen oder verbieten Kriege, da sie ja sämtliche künftigen Siege vorher ankündigen. Sie haben die wahre Kontrolle über die Herrscher der Welt: mit ihren Eingeweiden und deren Teilen.

Plinius d.Ä., Naturalis historia X 49

Über die Zuverlässigkeit mantischer Aussagen, gerade auch gegenüber abweichenden Erfahrungswerten oder dem anderslautenden Urteil von Fachleuten, hat es dabei in der gesamten

Antike verschiedene Ansichten gegeben, die sich bereits im Mythos widerspiegeln.

Ach, dass mein Vater Odysseus noch heimkehrt, ist längst ausgeschlossen. Deshalb glaube ich entsprechenden Nachrichten nicht mehr, ganz gleich von welcher Seite sie kommen mögen. Und ich gebe auch nichts auf die Weissagungen, nach denen meine Mutter sich bei Sehern erkundigt, die sie in der großen Halle empfängt.

Homer, Odyssee I 413 ff.

Eine intellektuelle Debatte über Existenz und Möglichkeiten mantischer Weissagung wurde seit dem Aufkommen der Naturphilosophie engagiert geführt. Aber auch wenn Letztere gewisse scheinbar mantische Vorgänge naturwissenschaftlich erklären konnte, ließ sich in den prinzipiellen Fragen keinerlei Einvernehmen erzielen. Vor allem die Stoiker, Pythagoreer und Anhänger der Akademie akzeptierten und verteidigten das Prinzip der Weissagung durch göttliche Einflussnahme, während andere Philosophenschulen wie die Epikureer, Kyniker und Skeptiker sich strikt dagegen wandten.

Doch nicht zuletzt in der Auseinandersetzung mit ihren ideologischen Widersachern zeigt sich der gesellschaftliche Einfluss der Mantik und ihrer Vertreter. So gelang es einigen Orakeldeutern im Athen des 5. Jahrhunderts v. Chr., den Straftatbestand der Asebie, d. h. der »Gottlosigkeit«, gesetzlich zu verankern. Prominentestes Opfer der daraufhin angestrengten Religionsprozesse war der 399 v. Chr. aus diesem Grund zum Tode verurteilte Sokrates – obwohl gerade er die Mantik nicht nur in weiten Teilen akzeptierte, sondern sogar einen höheren Rang der Weissagung in der Staatsverfassung befürwortete.

Lokal gebunden oder ortsunabhängig?
Wie Weissagungen erstellt werden konnten

Die mantische Praxis kannte nicht nur über die Jahrhunderte und Regionen hinweg, sondern zu jeder Zeit und innerhalb jeder einzelnen Kultur zahlreiche Spielarten.

Es gibt ja nicht nur eine Art von Weissagung.
Cicero, De divinatione I 3

Hauptsächlich der äußeren Form nach, aber auch mit Blick auf die eingesetzten mantischen Methoden lassen sich dabei vor allem zwei Varianten unterscheiden. Zum einen die Orakelkulte an festen Stätten, zum anderen die Riten der ortsunabhängigen Seher.

Als Orakel galten Orte, an denen sich die Präsenz einer bestimmten, mantisch wirkenden Gottheit in regelmäßigen Abständen oder sogar permanent bemerkbar machte: Ein Medium, ein Priester oder in selteneren Fällen auch beliebige Besucher erhielten dort nach bestimmten kultischen Handlungen göttliche Hinweise auf künftige oder räumlich entfernte Ereignisse, insbesondere durch diverse Formen der Inspiration.

Die Seher hingegen praktizierten ihre Weissagekunst an verschiedensten Orten: Ohne sich auf einen spezifischen Gott zu beschränken, nutzten sie dazu mantische Hinweise aller Art, wobei sie sich in historischer Zeit allerdings nahezu ausschließlich der Technik der Zeichendeutung bedienten.

Damit sind zugleich auch die beiden wichtigsten Methoden der Weissagung angesprochen: die Inspiration, auch »intuitive« Mantik genannt, und die als »induktiv« bezeichnete Zeichendeutung. Beide existierten in verschiedensten Ausprägungen und gingen mitunter fließend ineinander über. Dabei wurden die verschiedenen Formen der Weissagung seitens der Ratsuchenden gerne auch ergänzend zueinander genutzt. So berichtet Livius über das Jahr 205 v. Chr., dass man in Rom nach einem unheilvollen Vorzeichen – einer Art Ascheregen – zunächst eine Orakelsammlung zu Rate gezogen habe, die sogenannten Sybillinischen Bücher. Deren Deutung durch die zuständigen Ausleger habe anschließend ergeben, man könne Schaden für den Staat nur verhindern, indem ein neuer Götterkult in die Stadt eingeführt werde. Diesen wiederum bestimmten die Römer durch eine weitere mantische Instanz: Man schickte Gesandte nach Delphi und befragte die Pythia im dortigen Orakel, auf deren inspirierten Rat hin schließlich der Kult der kleinasiatischen Göttin Kybele nach Rom eingeführt wurde.

Kapitel 2

Orakel: Im Dialog mit der Gottheit

Die Bedeutung der Orakel für die antike Gesellschaft

Über Jahrhunderte hinweg, aber insbesondere während ihrer Blütezeit zwischen dem 7. und 5. Jahrhundert v. Chr., übten Orakel größten Einfluss auf das private und öffentliche Leben aus. Zwar war ihre Verbreitung weitgehend auf den griechischsprachigen Raum begrenzt, doch endete der Einfluss der mantischen Heiligtümer keineswegs an dessen Grenzen. Denn nicht nur Einheimische wandten sich an die Orakel in Delphi, Didyma, Dodona und anderswo: Schon im 6. Jahrhundert v. Chr. holten die lydischen Herrscher Gyges und Kroisos mehrfach insbesondere bei der Pythia Rat ein. Und während der Perserkriege im frühen 5. Jahrhundert v. Chr. ließen sich nicht nur die um ihre Freiheit kämpfenden griechischen Staaten, sondern auch die Perser wiederholt Orakel erteilen. In dieser kritischen Epoche war der Bedarf an mantischem Rat erheblich, und die Orakel erlebten den Scheitelpunkt ihrer Macht.

Zur Zeit der Perserkriege genossen zahlreiche Orakel hohes Ansehen.
Plutarch, Moralia 412A

Aber auch später noch war die Erwartung zahlloser Privatpersonen und vieler offizieller Delegationen, in Delphi hilfreiche Orakelsprüche zu erhalten, groß. So wandten sich etwa die Römer in der Entscheidungsphase des 2. Punischen Krieges, nach ihrer verheerenden Niederlage gegen Hannibal bei Cannae, an die Pythia: Sie hofften auf einen Hinweis, wie sie das Wohlwollen der Götter zurückgewinnen könnten. Und auch die griechischen Mächte fragten vor wichtigen politischen, religiösen und kultischen Entscheidungen regelmäßig bei Orakeln an.

Mehreren Berichten zufolge empfing Lykurg die Verfassung, die noch heute in Sparta besteht, von der Pythia.
Herodot, Historiai I 65

Die Gesetze, die Minos und Lykurg aufgestellt haben, werden Zeus und dem pythischen Apollon zugeschrieben.
Platon, Nomoi I 632d

Dabei ist zu berücksichtigen, dass fast alle für den Staat relevanten Entscheidungen der archaischen und klassischen Epoche Griechenlands an religiösen Normen orientiert waren – insofern gaben die Orakel zwar häufig einen ausschließlich religiösen Rat, bestimmten oder legitimierten dadurch aber indirekt die Konstitution der zeitgenössischen Städte und Staaten in Hellas.

Dieser Verantwortungsbereich der Orakel beinhaltete daher nicht nur die Einführung von Kulten und Festen, sondern auch die politische Neuordnung von Staatswesen und sogar dessen erstmalige Gründung in Form von Kolonien.

Welche Kolonie hat Griechenland in Äolien, Ionien, Asien, Sizilien, Italien gegründet, ohne in Delphi, Dodona oder der Oase Siwa ein Orakel zu befragen?
Cicero, De divinatione I 3

Selbst wenn die Historizität mancher Berichte über entsprechende Ereignisse nicht gesichert ist, zeigen diese Beispiele mit Blick auf die zeitgenössische Mentalität, welche gesellschaftliche

Rolle man einem Orakel zubilligte, was man für plausibel und somit für realistisch hielt.

Oft genug ist der Einfluss der mantischen Heiligtümer jedoch historisch zweifelsfrei belegt. So führte das Orakel von Delphi z. B. in der 2. Hälfte des 7. Jahrhunderts v. Chr. bei der Gründung des libyschen Kyrene jahrzehntelang ein regelrechtes Coaching für die Kolonisten durch, von denen es immer wieder zu teils existentiellen Problemen um Rat gefragt wurde. Und als Kleisthenes den Staat Athen im Jahr 508/507 v. Chr. in zehn sogenannte Phylen gliederte – davon wird unten noch die Rede sein –, ließ man deren Namen von der Pythia auswählen. Die anhaltende Bedeutung der Orakelstätten bezeugt Platon noch im 4. Jahrhundert v. Chr. mit dem Hinweis, dass die Sprüche von Delphi, Dodona oder aus der Oase Siwa in religiösen Dingen unverrückbare Gültigkeit besäßen.

Adeimantos: Was bleibt uns noch an Gesetzgebung?
Sokrates: Uns wohl nichts, dem Apollon von Delphi allerdings das Größte und Schönste und Höchste.
Adeimantos: Worauf bezieht sich das?
Sokrates: Auf die Errichtung der Tempel, auf die Opfer und den übrigen Kult für die Götter, Dämonen und Heroen.
Platon, Politeia IV 427b

Alle Gesetze zu religiösen Dingen muss man in Delphi einholen, man muss für die dort ergangenen Sprüche zudem Deuter einsetzen und diesen Folge leisten. Für die drei Deuter sollen in den vier Phylen je vier Bürger vorgeschlagen und drei davon gewählt werden. Die zwölf Gewählten soll man begutachten und neun davon nach Delphi schicken, und zwar in Dreiergruppen, aus denen das Orakel dann jeweils einen Deuter auswählt.
Platon, Nomoi VI 759d

Der damaligen Bedeutung des Orakels von Delphi entsprechend widmeten sich sowohl in Athen als auch in Sparta, den beiden mächtigsten griechischen Staaten der klassischen Zeit, sogar spezielle Funktionäre permanent der Deutung, Beachtung und Bewahrung von Sprüchen, die bereits von der Pythia erteilt worden waren.

Als sich jedoch ab dem späten 4. Jahrhundert v. Chr. zunächst die hellenistischen Diadochenreiche und schließlich das Römische Imperium über den gesamten Mittelmeerraum auszubreiten begannen, ging mit dem einstigen Informationsmonopol auch die staatspolitische Bedeutung der Orakel zu Ende.

Solange die Ratsuchenden noch aus Stadtstaaten von geringer territorialer Ausdehnung und mit begrenzten internationalen Kontakten gekommen waren, hatten die Orakelstätten als Anlaufstellen eines internationalen Publikums großes Wissen ansammeln und davon insbesondere bei der Erstellung von politischen Ratsprüchen profitieren können. Doch solche Verkündigungen wurden mit dem Aufkommen der gewaltigen Flächenstaaten neuen Typs, die in der gesamten bekannten Welt agierten und große Teile davon sogar beherrschten, schnell obsolet. Dadurch waren es nun umgekehrt die Orakel im politisch unbedeutend gewordenen Griechenland, die von den im ägyptischen Alexandria, im syrischen Antiochia und schließlich in Rom zusammenlaufenden Strängen der Weltpolitik nur noch vage Vorstellungen hatten.

Auch wenn in der Literatur die Beispiele offizieller Anfragen bei Orakeln überwiegen und deren historische Bedeutung nachdrücklich belegen, bestand die große Mehrheit der Besucher aus Privatleuten. In zahllosen Einzelfällen prägten oder beeinflussten Delphi und die anderen Stätten den Alltag oder sogar die gesamte Lebensplanung von Rat suchenden Menschen aller Schichten, seien es Sklaven oder wohlhabende Bürger.

Nachdem die Blütezeit der intuitiven Spruchorakel im 4. Jahrhundert bereits vorüber war, etablierte sich im Hellenismus nochmals eine neue Form mantischer Heiligtümer, die ausschließlich für den Privatmann geeignet war: Die sogenannten Heilorakel für gesundheitliche Anliegen erfreuten sich noch bis ins 2. Jahrhundert n. Chr. größter Beliebtheit. Im Übrigen wurden die Orakel nach und nach von den räumlich flexibleren Zeichendeutern verdrängt und verzeichneten insbesondere aufgrund eines starken Bevölkerungsrückgangs in ganz Griechenland zunehmend weniger Besucher. Mit dem Siegeszug des Christentums wurden die alten Götter schließlich noch seltener um Rat gefragt, bis deren Kulte im ausgehenden 4. Jahrhundert verboten und die Orakelstätte offiziell geschlossen wurden.

Man braucht über die aktuelle Lage der Orakelstätten gar keine Kontroversen zu führen, denn wir beobachten doch die Bedeutungslosigkeit, ja vielmehr das völlige Verschwinden sämtlicher hiesiger Orakel bis auf eins oder zwei.

Plutarch, Moralia 411E

Orakelstätten und ihre Götter

Der göttliche Orakelgeber schlechthin war sowohl in der griechischen als auch römischen Mythologie Apollon.

Apollon allein sollte den Menschen fürs Weissagen genügen.

Euripides, Phoinissae 958

Die Popularität seines Kults verkörpern zahlreiche Orakelstätten in ganz Griechenland und Kleinasien. Nachdem dabei zunächst verschiedene mantische Heiligtümer eine vergleichbare Bedeutung genossen hatten, entwickelte sich in der archaischen Epoche Griechenlands – d. h. im 7. und 6. Jahrhundert. v. Chr. – allmählich Delphi zur angesehensten Orakelstätte. Fortan überragte das dortige Apollon-Heiligtum mit seinem Renommee alle anderen prophetischen Stätten und war bis in die spätere Kaiserzeit von höchster religiöser Bedeutung. Aber schon seit Homer war Delphi, dessen Kultstätte mindestens bis in die mykenische Zeit des 13. Jahrhunderts v. Chr. zurückgeht, untrennbar mit der Weissagung im Dienst Apollons verbunden:

Agamemnon, der Herrscher der Männer, freute sich in seinem Sinn, als die besten Achaier sich stritten. Denn so hatte ihm Phoibos Apollon im hochheiligen Delphi die Zukunft verkündet, als er die steinerne Schwelle betreten hatte.

Homer, Odyssee VIII 77 ff.

Insbesondere aufgrund der vor Ort praktizierten Inspirationsmantik hat Delphi dabei eine so exponierte Stellung eingenommen, dass der Ort an der Nordküste des korinthischen Golfs den Griechen als nicht nur religiöser, sondern auch physischer Mittelpunkt der Welt galt:

Die Legende sagt, dass zwei Adler oder Schwäne von den entgegengesetzten Enden der Erde zur Mitte hin flogen und sich in Delphi trafen, am sogenannten Nabel der Welt.

Plutarch, Moralia 409 E

Den zweiten Rang nach Delphi nahm das nahe Milet gelegene, kleinasiatische Apollon-Orakel von Didyma ein. Der dortige

Kult wurde zwar nach der persischen Eroberung 494 v. Chr. verboten, erfuhr aber einen prächtigen Neuanfang unter der Protektion Alexanders d. Gr., kaum dass dieser Kleinasien 334 v. Chr. eingenommen hatte.

Die außerordentlich große Anzahl weiterer apollinischer Orakelstätten schlägt sich in einem satirischen Kommentar Lukians nieder, der den Zeussohn als überarbeitete Gottheit schildert, die ständig zwischen ihren zahlreichen Kultorten pendeln und Weissagungen verkünden müsse. Zu den berühmteren Heiligtümern Apollons gehörten dabei u. a. diejenigen im peloponnesischen Argos, am Berg Ptoion in Boiotien, auf der Insel Delos – seinem mythischen Geburtsort –, im kleinasiatischen Klaros und dem weiter südlichen Patara in Lykien.

Als wichtigster Orakelgeber fungierte neben Apollon dessen Vater Zeus. Sein Kultort im nordwestgriechischen Dodona konnte nicht nur den unwidersprochenen Anspruch erheben, das älteste Orakel Griechenlands zu sein, es genoss auch zusammen mit Delphi und Didyma das höchste internationale Ansehen aller mantischen Heiligtümer. Doch auch außerhalb des hellenischen Kernlandes besaß Zeus ein Orakel von internationalem Rang: In der westägyptischen Oase Siwa feierte man seinen Kult und verehrte ihn als Zeus Ammon.

In der Provinz Kyrene liegt das Ammon-Orakel, das für seine Zuverlässigkeit berühmt ist.

Pomponius Mela, Periplous I 39

Von der internationalen Anerkennung der dortigen Orakelsprüche zeugt etwa die Tatsache, dass Alexander d. Gr. sich in Siwa während seines erfolgreichen Perserfeldzugs als Sohn des Zeus anerkennen ließ, um seine künftige Rolle als Großkönig religiös zu legitimieren.

Ein weiteres bedeutendes Orakel besaß Zeus in Olympia, wo Athleten sich z. B. bei den Sportwettkämpfen nach ihren Siegeschancen erkundigten. Vom Rang dieses Kultorts zeugte darüber hinaus das in der Antike meistbewunderte Kunstwerk überhaupt, die gewaltige Zeus-Plastik des Bildhauers Phidias.

Prinzipiell konnte indes jede Gottheit und jeder Heros Orakel erteilen, und so sind zahlreiche andere mantische Heiligtümer mit weiteren Kulten belegt. Während diese im Allgemeinen eher von regionaler oder nur lokaler Bedeutung waren, gelang Einzelnen von ihnen gleichsam der Aufstieg zu internationaler Popularität. Dies gilt vor allem für die sogenannten Heilorakel, die sich ab dem 2. Jahrhundert v. Chr. etablierten und göttliche Hilfestellung für Gesundheit oder Genesung versprachen, allen voran das Orakel des Asklepios in Epidauros.

So lebten und arbeiteten Pythia und Co.: Religiöse Rituale und Arbeitsalltag an den Orakelstätten

Damit an einem Orakel Weissagungen erteilt werden konnten, waren zwei Voraussetzungen unabdingbar: Zum einen musste der Kult der Orakelgottheit vollzogen und damit die religiöse Grundlage für die mantische Erkenntnis gelegt werden; zum anderen galt es, den Andrang der Ratsuchenden praktikabel zu handhaben: Für den gesamten Betrieb eines Orakels war eine effiziente Organisation mit unterschiedlichen Funktionen erforderlich. Die ordnende Kontrolle darüber übte im Allgemeinen die Polis aus, der Stadtstaat, auf dessen Gebiet die jeweilige Stätte lag. Die Aufgabe der Polis bestand aber nicht nur darin, die äußeren Rahmenbedingungen für den Betrieb des Orakels zu gewährleisten, sondern sie bestellte auch das notwendige Personal.

Dessen Anzahl sowie Spezialisierungsgrad hingen ganz von der Größe des Orakelbetriebs und diese wiederum von der Bedeutung des Orakels ab. Grundsätzlich unterscheiden lassen sich zunächst die Priesterämter für den Kult der Orakelgottheit sowie für administrative Zwecke, des Weiteren die niederen Kultdiener und schließlich die für die Mantik zuständigen Personen.

Die Abläufe innerhalb des Orakels waren den Kultmitarbeitern überlassen. Nur wenn Verstöße gegen profane oder sakrale Pflichten, im Extremfall eine Manipulation des Orakels, bekannt wurden, griff die jeweilige Aufsichtsinstanz ein: Sie konnte Strafzahlungen verhängen oder korrupte Kultmitglieder suspendieren. Um gerade im Fall des wichtigsten Orakels jede Einflussnahme zu unterbinden und die Neutralität der Sprüche zu gewährleisten, war die Ortschaft Delphi sogar der als parteiisch bekannten Kontrolle der Stadt Krisa entzogen und unter die gemeinsame Schutzmacht der umliegenden Staaten, der Amphiktyonen, gestellt worden.

Die mit Abstand bekannteste Orakelfigur der Antike war die Pythia, das Medium des Gottes Apollon in Delphi. Überhaupt wurde die intuitive Mantik an Orakeln in Griechenland stets von Frauen ausgeübt, während die deutende Seherkunst männlichen Kultangehörigen vorbehalten war.

Die Prophetin in Delphi und die Priesterinnen in Dodona haben im inspirierten Zustand viel Gutes für Griechenland gewirkt – sowohl bei privaten wie öffentlichen Anliegen.

Platon, Phaidros 244b.

Über die Pythia sind auch die meisten antiken Informationen erhalten, wenngleich zwischen den einzelnen Zeugnissen oft größere zeitliche Abstände liegen. Bis in die hellenistische Zeit hinein trat die Pythia ihr Amt als junge Frau an und war – wie auch andere weibliche Medien – zu einem Leben in Keuschheit verpflichtet.

Aufgewachsen in einem armen, bäurischen Elternhaus zieht sie, ohne auch nur irgendetwas an Kunstfertigkeit oder irgendeiner anderen Erfahrung oder Fähigkeit mitzubringen, in das Orakel ein.
Plutarch, Moralia 405C

Ein höheres Alter wurde jedoch im 1. Jahrhundert v. Chr. Vorschrift:

Man berichtet, dass die Orakel früher von jungen Frauen verkündet wurden. Denn als Jungfrauen ist bei ihnen die natürliche Unschuld bewahrt. Und gerade deshalb hielt man sie für bestens geeignet, das Geheimnis der offenbarten Orakel gewissermaßen unversehrt zu erhalten. Jüngst geschah aber Folgendes: Der Thessalier Echekrates traf am Heiligtum ein, erblickte die Jungfrau, die das Orakel verkündete, entbrannte für ihre Schönheit, entführte sie und missbrauchte sie schließlich. Wegen dieses betrüblichen Ereignisses verabschiedeten die Delphier ein Gesetz, dass künftig keine jungen, sondern reife Frauen von mindestens funfzig Jahren die Orakel verkünden sollen. Diese müssen aber das Gewand einer Jungfrau tragen, eine Reminiszenz an die Prophetinnen der alten Zeit.
Diodorus Siculus, Bibliothek XVI 26,6

Ein Wechsel der Zeiten war auch insofern festzustellen, als es zu den Hochzeiten des Orakelwesens in Delphi nicht nur eine Pythia gegeben hat: Anfragen wurden dann von zwei Pythien im – wohl täglichen – Wechsel beantwortet, darüber hinaus war als zusätzliche Absicherung zeitweise sogar eine dritte ernannt worden.

Obwohl das delphische Medium in der Außenwahrnehmung den höchsten Rang einnahm – zahlreiche Inhaberinnen des Pythia-Amtes sind namentlich überliefert –, agierte es zu allen Zeit wohl ausschließlich abgeschieden im Allerheiligsten des Tempels, dem Adyton. Der Kontakt mit den Klienten blieb – vermutlich erst recht nach der erwähnten Entführung – auf ein Minimum beschränkt.

Für die Abwicklung des Kundenbetriebs waren im Wesentlichen die männlichen Kultangehörigen zuständig, wobei diese durchaus mantische und administrative Aufgaben auf sich vereinen konnten: Sprachlich wurden die verschiedenen Mischformen zwangsläufig nicht immer klar differenziert, da ihre Ausgestaltung von Ort zu Ort abweichen konnte. Während der Hiereus oder Hosios grundsätzlich verschiedenste Priester- bzw. Kultaufgaben erfüllte, war es eher Aufgabe des Promantis oder Prophetes, Orakelsprüche zu verkünden – ohne dass sich die Bereiche gegenseitig ausgeschlossen hätten. Die Bezeichnung als Promantis oder Prophetes allein sagte jedoch nichts darüber aus, ob der jeweilige Kultangehörige diese Sprüche aus eigener mantischer Intuition oder – wie etwa in Delphi von der Pythia – von einem anderen Medium vorformuliert oder als Stichworte empfangen hatte. Denn in jedem Orakel bildeten sich mit der Zeit andere Konturen des jeweiligen Priesterbildes heraus und führten zu (sehr) charakteristischen Kultvorgängen, wie etwa die *sélloi*, d. h. »Sitzer«, im Zeus-Orakel von Dodona belegen.

Zeus, du herrschst in Dodona, der sturmumtosten, rings umwohnt von den »Sitzern«, die mit ungewaschenen Füßen am Boden lagern und deine Zeichen deuten.

Homer, Ilias XVI 234–235

Diese Entwicklung lokaler Eigenheiten und Traditionen zeigt sich auch in der Besetzung der jeweiligen Priesterämter, die vielfach durch Personen erfolgte, deren Vorfahren sich bereits als Orakelpriester betätigt hatten: In Griechenland spezialisierten sich ganze Familien auf die Orakelkunst und auf diese Weise entstanden, auch an bedeutenden Orakelstätten wie Didyma, regelrechte Priesterdynastien. Dort etwa wurden Orakel – bis zum Einfall der Perser im Jahr 494 v. Chr. – ausschließlich von Priestern aus der Familie der Branchiden verkündet. Und in Olympia ist über Jahrhunderte hinweg – schon bei Pindar und noch zu Ciceros Zeiten – die Familie der Iamiden mit ihrer »exzellenten Seherkunst« (Cicero, *de divinatione* I 91) nachweisbar.

Am Apollon-Orakel von Klaros ist der Prophet ein Priester, der aus bestimmten, in der Regel milesischen Familien berufen wird.
Tacitus, Annalen II 54

Sofern mehrere Priester an einem Orakel tätig waren, konnten diese die anfallenden Aufgaben wie erwähnt unter sich aufteilen. In Delphi z. B. gab es um 200 v. Chr. außer der Pythia acht weitere Priester, die sich in drei Gruppen jeweils verschiedenen Bereichen des Orakelkults widmeten: Neben der Betreuung des Mediums und der Bereitstellung aller erforderlichen Mittel für die Erteilung der Weissagungen gehörten dazu insbesondere die rituelle Verehrung des Orakelgottes mit Opfergaben und Gebeten sowie der Betrieb der Gebäude bis hin zur Aufsicht über die Besucher.

Weil die männlichen Priester im Gegensatz zu den weiblichen Kultangehörigen grundsätzlich der Oberschicht angehörten und ihre Ämter um des Renommees willen ausübten, beschäftigte jedes Orakel zudem niedere Kultdiener für die Durchführung verschiedener einfacher Tätigkeiten – seien es Ordnerfunktionen wie die der *Rhabduchen*, d.h. Stabträger, am Orakel von Korope oder Schreiberdienste wie im Amphiaraos-Orakel in Oropos. Dort notierten Kultdiener die Personalien aller Ratsuchenden der Reihe nach auf Tafeln und stellten diese als eine Art Warteliste aus.

Orakel-Funktionäre waren aber nicht ausschließlich an der Kultstätte selbst tätig. In den beiden mächtigsten Städten des klassischen Griechenland organisierten eigens gewählte Amtsträger den Dialog mit Delphi: Die Pythioi in Sparta und die Exegeten in Athen mussten die Orakelsprüche der Pythia einholen, archivieren und inhaltlich beherrschen bzw. bei Bedarf immer wieder aktuell auslegen.

Zu Besuch bei einem Orakel: Die Lokalisierung und das Ambiente der Kultstätte

Noch vor dem ersten Kontakt mit Priestern oder Sehern diente die Lage und Gestaltung eines Orakels geradezu als Visitenkarte der Kultstätte: Die meisten mantischen Heiligtümer, vor allem die Inspirationsorakel des Apollon, lagen an einer als geweiht geltenden Stelle – einer Quelle oder einem Hain – deutlich außerhalb der nächsten Stadt. Verkörperten sie allein schon durch ihre Lage die außergewöhnliche Funktion des Orts, wussten die einzelnen Orakel ihre jeweils spezifische Rolle zusätzlich durch verschiedenste bauliche oder gestalterische Akzente zu betonen. Dass Delphi als Nabel der Welt galt, wurde dort z.B. durch die Steinskulptur eines riesigen Nabels im Adyton ganz plastisch unterstrichen.

Auch wenn man der Tempelstätte von Delphi nun schon ihres Orakels wegen höchste Ehren zollte – denn dessen Sprüche galten welt-

weit als die zuverlässigsten –, trug die Lage noch zusätzlich zur Erhabenheit bei, befindet sich das Orakel doch exakt im Zentrum von Griechenland als Ganzem.
Strabon, Geographie IX 1,6

Apollon sitzt im Zentrum der Welt auf dem Nabel und erteilt seine Sprüche.
Platon, Politeia IV 427 B

Während einzelne Orakel durch gewaltige Bauwerke beeindrucken konnten – in Didyma erweckte z. B. die riesenhafte Tür eines Tempels mit ca. 8000 m^2 Grundfläche die Vorstellung, Apollon selbst könne jederzeit eintreten –, waren andere Stätten aufgrund ihrer geringeren Bedeutung oder ihrer Lage in unwegsamen Gebieten kleiner dimensioniert und glichen teilweise Naturheiligtümern.

Immer jedoch wurde die Trennung des lebensweltlichen Alltags von der Erkundung der göttlichen Weissagung optisch und funktional getrennt: ob durch prestigeträchtige Bauten oder eher symbolische Maßnahmen, spielte für den Ablauf des Orakels keine Rolle. So genügten dem Apollon-Orakel am Berg Ptoion einzelne Stelen für die Markierung des heiligen Bezirks.

Den Rang eines Orakels und seine zeitgenössische Bedeutung konnte man indes recht eindeutig an der Pracht und Anzahl der Weihegeschenke erkennen, die ihm seine Klienten gestiftet hatten. Und wieder war es Delphi, das den ersten Rang in Dankes- und Ehrengaben einnahm. Zu Beginn der Regierungszeit Neros verzeichnete man dort – auch nach Plünderungen in früheren Kriegszeiten – rund 3500 Kunstwerke.

Der ungeheure Eindruck des prächtig ausgeschmückten Ortes lässt sich an einer Stiftung des Lyderkönigs Kroisos erahnen, die Delphis Ambiente nachdrücklich prägte und in der Antike als das wertvollste Weihgeschenk an ein Orakel galt.

Kroisos ließ Unmengen an Gold einschmelzen und daraus Ziegel formen: Die größeren waren sechs, die kleineren drei Handbreit lang, aber alle eine Handbreit hoch. Insgesamt waren es 117 Ziegel. Davon bestanden vier aus purem Gold, mit einem Gewicht von je zweieinhalb Talenten, die übrigen waren aus Weißgold und zwei Talente schwer. Kroisos ließ zudem eine zehn Talente wiegende Löwenfigur aus purem Gold gießen.

Als die Geschenke fertig waren, schickte er sie mit weiteren Gaben nach Delphi. Dazu zählten zwei gewaltige Mischkrüge, einer aus Gold, einer aus Silber. Der goldene steht jetzt im Schatzhaus der Klazomenier, er wiegt achteinhalb Talente und zwölf Minen. Der silberne, mit einem Fassungsvermögen von 600 Amphoren, steht in der Tempelvorhalle.

Überdies sandte Kroisos vier Fässer aus Silber, die sich heute im Schatzhaus der Korinther befinden, sowie zwei Weihwasserbecken, eines aus Gold, eines aus Silber. Und er schickte er noch viele weitere Weihgeschenke: runde Silberkannen, ein goldenes Standbild, auch Halsketten und Gürtel seiner Frau. Das alles stiftete Kroisos Delphi.

Herodot, Historiai I 50 f.

Die Dankbarkeit der Klienten zeigte sich außerdem in anerkennenden Inschriften. In gleicher Form warben aber auch die Orakelstätten selbst mit ihren aktuellen oder einstigen Klienten. Dafür erinnerten sie an besondere Ratsuchende mit Inschriften, in denen teilweise auch die jeweils erteilten Orakelsprüche verewigt waren. An mehreren prominenten Stellen in Delphi konnte man ferner regelrechte Motti des Apollonheiligtums lesen. Diese Maximen, die teilweise den Sieben Weisen zugeschrieben wurden, waren allgemeingültige Ratschläge, um die gegenwärtige Lage – und damit möglicherweise auch die eigene Zukunft – besser verstehen zu können. Zugleich dienten sie als Hilfe bei der Interpretation des Orakelspruchs.

Erkenne dich selbst.
Spruch auf dem Tempel in Delphi

Denk nach.
Spruch im Tempel in Delphi

Zutritt zum Orakel: Öffnungszeiten und Reihenfolge

Ihrem Selbstverständnis entsprechend ließen sich gerade die bedeutendsten Orakel, die mit intuitiver Mantik Weissagungen erteilten, nicht permanent befragen. Denn Voraussetzung für die Inspiration des Mediums war die Anwesenheit des Gottes, der ihm die jeweilige Eingebung verleihen musste. Nach dem religiösen Weltbild der Griechen hielten sich Götter jedoch nicht permanent am selben Ort auf. Vielmehr musste jeder Orakelkult traditionelle Auffassungen beachten, die in lokal unterschiedlichen Formen von Reisen der jeweiligen mantischen Gottheit berichteten. So glaubte man etwa in Delphi, Apollon begebe sich im Winter zu den legendären Hyperboreern, einem sagenhaften Volk im hohen Norden. Dagegen erzählte man sich z. B. auf Delos von anderen Reisen der Gottheit, etwa dass »Apollon im Winter Lykien und des Xanthos Fluten verlässt, weil er Delos, das mütterliche, besucht.« (Vergil, Aeneis IV 143 f.)

Das im Kult kalendarisch fixierte Eintreffen der Gottheit wurde von Festlichkeiten begleitet, mit denen man den Gott gewissermaßen zur Rückkehr einlud.

Die Delphier komponierten ein Instrumentalstück und ein Jubellied. Dazu ließen sie Jugendchöre um den Dreifuß tanzen und riefen dem Gott zu, er möge von den Hyperboreern zurückkehren.

Himerios, Orationes XLVIII 10–11

Der rituelle Kalender bestimmte auch die Tage, an denen Orakel erteilt werden konnten: In Delphi war die Inspiration der Pythia durch Apollon ursprünglich an das Festdatum seiner Epiphanie gebunden, den 7. Tag des Frühlingsmonats Bysios. Mit steigender Popularität und Nachfrage einigte man sich jedoch seitens der Priesterschaft darauf, eine Orakelbefragung am 7. Tag jedes Monats zuzulassen. Auch die übrigen Inspirationsorakel öffneten ihre Türen in einem solchen Jahres- oder Monatsrhythmus. Wer nicht am richtigen Tag eintraf, konnte sich kein Orakel erhoffen – wenn er nicht gerade Alexander d. Gr. hieß.

Die Griechen versammelten sich auf dem Isthmos von Korinth und beschlossen dort, gemeinsam mit Alexander in den Krieg gegen Persien zu ziehen. Ihn ernannten sie auch zu ihrem Feldherrn. Der Wunsch, das Orakel über seinen Feldzug zu befragen, führte Alexander daraufhin nach Delphi. Es waren aber gerade die sogenannten »stillen Tage«, an denen es nicht gestattet ist, Weissagungen zu erteilen. Der König ließ die Pythia gleichwohl durch einen Diener bitten, die sich jedoch unter Verweis auf den Ritus weigerte. Daraufhin ging er selbst zu ihr und zerrte sie gewaltsam in den Tempel. Weil sie seiner Willensstärke insofern unterlegen war, brach es aus ihr heraus: »Dir kann sich keiner widersetzen, mein Sohn!« Auf diese Worte hin erklärte Alexander sofort, ein weiteres Orakel sei nicht mehr nötig: Er habe den Spruch erhalten, auf den er gehofft hatte.

Plutarch, Alexander 14

Orakel, die ihre Weissagungen nicht mit einem Medium hervorbrachten, waren wesentlich großzügiger und teilweise sogar permanent geöffnet. Ihre Nutzung hing nicht einmal unbedingt von der Anwesenheit eines Priesters ab. In Oropos etwa war dieser lediglich verpflichtet, an zehn Tagen im Monat anwesend zu sein. Die Abwicklung der kultischen Rituale – z. B. die Darbringung des Opfers – überließ man in der übrigen Zeit ganz den Kultdienern und Klienten.

Unverzichtbar war hingegen bei allen populären Orakeln, in denen Medium oder Seher tätig waren, eine profane Warteliste. Denn das zeitliche Disponieren der Klienten zählte zu den wichtigsten Organisationsvorgängen, um einen reibungslosen Betrieb zu gewährleisten.

Häufig stellte man dafür direkt vor dem Heiligtum eine gut lesbare, möglichst frisch getünchte Tafel auf, die alle Ratsuchenden der Reihe nach auflistete. Längere Wartezeiten ließen sich so abschätzen, und an bedeutenden Orten nutzte man diese gerne auch zu einem regelrechten Sightseeing – wer an der Reihe war, wurde ohnehin namentlich ausgerufen. Seinen Aufruf zu verpassen, war indes nicht problematisch, offensichtlich rechneten die Organisatoren aufgrund der langen Wartezeiten damit: Sobald der Säumige wieder eintraf, durfte er sich vor den übrigen Wartenden als Erster einreihen.

Dieses Privileg genossen manche Besucher sogar permanent. Denn die Orakelverwaltungen gewährten befreundeten Privatpersonen, Städten, Staaten und deren Gesandten in besonderen Fällen die sogenannte Promantie, das Recht auf vorrangige Befragung des Orakels.

Mit einer Promantie zeichnete Delphi z. B. den Lyderkönig Kroisos aufgrund seiner spektakulären Weihegaben aus. Während dieser das Orakel jedoch stets vor allen anderen befragen durfte, war ansonsten offenbar keine Rangordnung unter den verschiedenen Besitzern einer Promantie vorgesehen. Diese Lücke im System konnte bei plötzlichen Krisen wie Naturkatastrophen, wenn mehrere bevorrechtigte Gesandtschaften oder Privatpersonen das Orakel zur gleichen Zeit um Rat fragen wollten, durchaus zu heftigen Spannungen vor Ort führen – trotz der erhaltenen Privilegien musste bei einigen also erneut der Eindruck einer Schlechterstellung entstehen.

Doch auch eine tatsächliche Benachteiligung ist in Form eines Zutrittsverbots überliefert: Frauen war der Besuch von Delphi – und damit auch eine Befragung des Orakels – grundsätzlich nicht erlaubt.

Beim Großteil dessen, was den Gott betrifft, fragt man sich nach dem Grund dafür – wie etwa, warum keine Frau das Heiligtum betreten darf.

Plutarch, Moralia 385C

Reinheit, Gebete und Opfer: Rituelle Voraussetzungen für die Orakelerteilung

Die unmittelbare Vorstufe zur eigentlichen Befragung eines Orakels bildeten mehrere kultische Handlungen, die der Reihe nach vollzogen werden mussten.

Zunächst war es Pflicht des Klienten, sich nach den lokal gültigen rituellen Vorschriften zu reinigen, z. B. indem er eine rituelle Waschung an einer heiligen Quelle vornahm, sich salbte oder besondere Kleidung – oft weiß und aus Leinen – anzog. Gerade bei Orakeln, in denen der Klient sich selbst eine Inspiration durch den Gott erhoffte, konnten zudem Fasten und Enthaltsamkeit vorgeschrieben sein.

Das Verletzen religiöser Tabus wie Mord, Inzest oder Blasphemie hatte einen Ausschluss von der Orakelbefragung zur Folge. Als eine Gruppe von Menschen nach einem gemeinsamen Lynchmord in Delphi erfahren wollte, wie sie sich nun verhalten sollten, entgegnete ihnen die Pythia:

Weg von meinem Dreifuß, euch klebt Mord an den Händen.
Aelian, Varia historia III 43

Von der geforderten kultischen Reinheit der weiblichen Medien war bereits mit Blick auf die Anforderungen an die Pythia die Rede: Die erwähnte Jungfräulichkeit beim Antritt des Amtes, zumindest aber Keuschheit während dessen Ausübung, ist auch an anderen Orakeln häufig Bedingung. So musste z. B. die mantische Priesterin am Apollon-Orakel von Argos ebenso Jungfrau sein wie jene am Orakel der Erdgöttin in Aigeira. Daneben war des Öfteren auch der Verzicht auf Alkohol Teil des Ritus – sofern die Inspiration nicht gerade durch den Genuss von Wein oder vergleichbaren Getränken erzeugt wurde.

Zudem galt es für das Orakelpersonal, insbesondere für die mantisch Inspirierten, auch äußerlich auf rituelle Unbeflecktheit zu achten. Vor allem während der kultischen Handlungen konnten diese Pflichten von weißer Kleidung über kultische Waschungen bis hin zur einer würdevollen Sitzhaltung reichen. Je nach Orakelstätte waren des Weiteren bestimmte Accessoires erforderlich, an Heiligtümern des Apollon etwa Lorbeer zu tragen oder zu kauen. Umgekehrt war peinlichst zu meiden, was als lasterhaft oder unangemessen angesehen wurde.

Die Pythia ist weder parfümiert noch in Purpur gewandet, wenn sie ins Innerste des Heiligtums tritt. Und sie verbrennt auch keine Kas-

sien, Labdanum oder Weihrauch auf dem Altar, sondern ausschließlich Lorbeer und Gerstenmehl.

Plutarch, Moralia 397A

Unter Einhaltung dieser Reinheitsvorschriften nahm man ersten Kontakt mit der Orakelgottheit auf, indem man ihr ein Opfer darbrachte. Die Kultmitglieder deuteten anschließend anhand zahlreicher kultischer Regeln, ob es günstig ausgefallen war. Denn nur dadurch signalisierte der Gott seine Einwilligung zur Orakelerteilung. Andernfalls galt eine Befragung als verweigert und damit unmöglich. Selbst wenn es der kalendarisch richtige Tag für ein Orakel war und der Fragende als geschätzter Gastfreund der Polis eine Promantie genoss – ohne ein vorteilhaftes Opfer durfte kein Orakel eingeholt werden.

Es wurde allerdings als legitim angesehen, ungünstig ausgefallene Darbringungen zu wiederholen – zumal einige Orakel mehrere erfolgreiche Opfer voraussetzten – oder von vornherein gewisse Techniken anzuwenden, um die kultischen Kriterien für ein gelungenes Ritual zu erfüllen: Weil ein Zucken des Opfertiers als Nicken, d. h. als Zustimmung der Gottheit zum Opfervorgang gedeutet wurde, besprenkelte man das Tier oft im Vorhinein mit kaltem Wasser, um genau diese Reaktion gezielt hervorzurufen.

Als ehemaliger Priester von Delphi kannte Plutarch die Gefahr, dass die Deutung des Opfers durch allzu große Einflussnahme zur Farce werden konnte. Mit einem abschreckenden Beispiel unterstreicht er daher die Notwendigkeit, unvorteilhafte Zeichen als Ausdruck des göttlichen Willens ernst zu nehmen.

Es hat sich ja so zugetragen, dass eine auswärtige Gesandtschaft eingetroffen ist, um das Orakel zu befragen. Das Opfer, so heißt es, blieb unbewegt und von den ersten Besprenkelungen ganz ungerührt. Vor lauter Eifer, sich der Gesandtschaft gefällig zu erweisen, gingen die Priester weit über das gewohnte Vorgehen hinaus. Und erst nachdem das Opfer geradezu überschüttet worden und beinahe schon ertrunken war, ließ es sich schließlich zum Zittern bringen. Und was war das Ergebnis für die Pythia? Sie begab sich unwillig und halbherzig ins Allerheiligste, wie es heißt. Und schon bei ihren ersten Antworten zeigte sich anhand ihrer schroffen Stimmlage deutlich, dass sie nicht in der rechten Weise antworten konnte. Schließlich wurde sie hysterisch, rannte unter schrecklichem Kreischen zum Ausgang und warf sich dort zu Boden. Das hatte zur Folge, dass nicht nur die Mitglieder der Gesandtschaft flohen, sondern auch der Prophetes Nikander und die anwesenden Kultdiener. Nach einer Weile gingen sie jedoch wieder zu ihr und halfen ihr auf, da sie wieder bei Bewusstsein war, und nach ein paar Tagen starb sie.

Plutarch, Moralia 438 A–C

Das Bestreben, ein günstiges Opfer zu erhalten, wird angesichts der Tatsache verständlicher, dass je nach Orakelkult nicht nur eine einzige Einwilligung der Gottheit erforderlich war. Mitunter mussten der Reihe nach mehrere Opfer für verschiedene Kultaspekte erfolgen und jeweils günstig ausfallen. Diese zusätzlichen Opfer dienten z.B. dem Zweck, eine freundliche Weissagung zu erbitten, oder fungierten als Hilfsmittel bei der Orakelerstellung.

Damit die Befragung nicht allzu oft abgebrochen werden musste – häufige Enttäuschungen hätten letztlich zu nachlassender Popularität geführt –, achtete das Kultpersonal auch in eigenem Interesse auf den weitgehend erfolgreichen Verlauf der Vorbereitungsprozeduren.

Waren alle zeremoniellen Voraussetzungen erfüllt, konnte die eigentliche Befragung beginnen. Und auch diese variierte von Kultstätte zu Kultstätte: Ob man seine Fragen an das Kultpersonal richtete oder sich selbst auf eine Inspiration vorbereitete – die grundsätzlichen Möglichkeiten waren ebenso vielfältig wie die lokalen Eigenheiten im Detail.

Wie man sich an ein Orakelmedium wendete

Die berühmteste Form der Orakelkonsultation war jene, die unter anderem in Delphi praktiziert wurde und auch das heute landläufige Bild bestimmt: Bei dieser Art des Kults erhofften sich Ratsuchende von einem inspirierten Medium hilfreiche Antworten auf unterschiedlichste Fragen.

Der Ablauf variierte im Detail von Ort zu Ort, erfolgte aber prinzipiell immer ähnlich: Zunächst betrat der Klient den Tempel der Orakelgottheit, wobei er in Delphi von einem Priester oder – ein Privileg für Klienten aus befreundeten Städten – seinem Gastfreund begleitet wurde. Nun trug man die Frage vor, allerdings nicht direkt gegenüber dem Medium, sondern einem Priester oder Kultdiener. Dieser notierte oder memorierte das Anliegen, und je nach Andrang übermittelte er es dem Medium sofort zur Beantwortung oder man sammelte mehrere Fragen und legte ihm diese gebündelt vor. Fragennotizen sind z. B. aus Delphi und Korope belegt, während eine mündliche Weiterleitung etwa aus Didyma bekannt ist.

Ein direkter Kontakt des Klienten mit dem Medium war – sofern die Quellen darüber Aussagen ermöglichen – nur selten vorgesehen oder überhaupt gewünscht. In Delphi lässt sich zudem eine regelrechte Abschottung der Pythia erkennen. Inwiefern Besucher sie in früheren Zeiten kontaktieren konnten, lässt sich zwar nicht im Detail sagen, doch wurden auch diese indirekt bezeugten Begegnungsmöglichkeiten nach ihrer Entführung im 1. Jahrhundert v. Chr. vollständig unterbunden:

Die Orakelpriester von Delphi sorgen dafür, dass die Pythia keinen Umgang mit Fremden, ja überhaupt keinen Kontakt zu ihnen hat.
Plutarch, Moralia 438C

Diese Absonderung von den Klienten diente allerdings nicht nur dem Schutz, sondern auch und vor allem der Ungestörtheit des Mediums. Zum einen galt Ruhe als wesentliche kultische Voraussetzung für göttliche Inspiration, zum anderen bedeutete die Trennung von allen Nicht-Kultmitgliedern praktische Vorteile bei der Orakelerstellung. Denn dadurch wurden Abstimmung und Beratung – mitunter mag eher Beeinflussung das richtige Wort sein – zwischen Priesterschaft und Medium möglich. Das kann erforderlich gewesen sein, um die Äußerungen eines in Trance befindlichen Mediums in sprachlicher Hinsicht zu verständlichen Sätzen zu formen oder um heikle Fragen wichtiger Gesandtschaften geschickt zu beantworten. Immerhin waren es die Priester als Verwalter und Organisatoren der großen Orakelstätten, die durch ihre Kontakte mit allen Besuchern großes diplomatisches Wissen angesammelt hatten: Für die Erstellung bzw. Formulierung von Orakeln zu (staats-)politischen Themen waren ihre Hinweise für Medien wie die Pythia daher mindestens hilfreich, wenn nicht unverzichtbar.

Dieses Vorgehen lässt unverkennbar Raum für Spekulationen über den Grad der Umgestaltung eines Orakels bis hin zu der Frage, ob manche Orakel überhaupt durch Inspiration oder ausschließlich durch versierte Priester formuliert worden sind. Aufgrund fehlender Quellen ist eine grundsätzliche Bewertung dieser auch zeitgenössisch erhobenen Kritikpunkte zwar nicht möglich. Aber zumindest gegen den Verdacht einer Manipulation von außen suchten sich die Orakelstätten stets zur Wehr zu setzen. Ein eklatantes Beispiel für eine solche Beeinflussung – die gerade nicht über die Priesterschaft erfolgte – beschreibt Herodot mit Blick auf das Orakel von Delphi. Hintergrund der folgenden Geschichte ist der Versuch des Spartaners Kleomenes, anstelle des kurz zuvor eingesetzten Demaratos König von Sparta zu werden. Zu diesem Zweck wandte sich Kleomenes an einen Mann namens Leotychidas, der mit Demaratos verfeindet war.

Auf Kleomenes' Drängen hin leistete Leotychidas jetzt einen Eid gegen Demaratos: Der vorige König Ariston sei nicht Demaratos' Vater und dieser daher nicht rechtmäßiger König von Sparta. Aufgrund des hierüber entbrannten Streits beschlossen die Spartiaten, eine Anfrage an das Orakel in Delphi zu senden: ob nämlich Demaratos der Sohn des Ariston sei. Angesichts der Tatsache, dass die Sache der Pythia vorgetragen werden sollte, bestach Kleomenes nun einen der einflussreichsten Bürger von Delphi, Kobon. Dieser überredete die Pythia namens Perialla, einen für Kleomenes vorteilhaften Orakelspruch zu verkünden. Und demgemäß gab die Pythia Spartas Gesandten die Auskunft, Demaratos sei nicht Aristons Sohn. Als der Betrug aber im Nachhinein entdeckt wurde, hatte das Konsequenzen. Kobon wurde aus Delphi verbannt und Perialla verlor ihr Amt.

Herodot, Historiai VI 65–66

Gerade die strikte Reaktion in Delphi auf das Bekanntwerden der Korruption war geeignet, einen solchen Verlauf der Orakelerstellung als krasses Fehlverhalten zu verwerfen – und so das Vertrauen in die administrative Priesterschaft und den Orakelapparat insgesamt eher noch zu stärken. Der über Jahrhunderte hinweg starke Andrang an vielen Orakelstätten und gerade in

Delphi zeigt, dass Zweifel am korrekten Zustandekommen eines Orakels in der öffentlichen Meinung entweder gar nicht in größerem Maße aufkamen oder zumindest keine relevanten Konsequenzen hatten.

Wie man seine Fragen formulierte

Ganz gleich, ob es sich um private oder offizielle Anliegen handelte: Die klassische Formulierung, mit der sich der Ratsuchende an ein Orakel wandte, war eine Alternativfrage mit der Einleitung »Wird es vorteilhafter und besser sein«. Dieser Beginn geht vermutlich auf ältere Orakelformen zurück, bei denen lediglich mit »Ja« oder »Nein« geantwortet wurde, wie unten näher beschrieben wird. Trotz der Weiterentwicklung der Orakel wurde der formale Einstieg in den meisten Fällen weiterhin angewendet. Und obwohl es das Selbstverständnis – und auch das erwähnte Absicherungsbedürfnis – von Delphi und den anderen bedeutenden Inspirationsorakeln nicht zugelassen hätte, bei komplexen und politisch relevanten Themen mit einer schlichten Zustimmung oder Verneinung zu antworten, dürfte dies bei zahllosen schlichten Fragen einfacher Leute auch in den größten Orakeln der Fall gewesen sein.

Die altergebrachte Einleitung der Frage ließ also selbst dem großen Orakel von Delphi – zumindest der Form nach – lediglich die Wahl zwischen zwei Alternativen. Mitunter war aber nicht einmal diese wirklich gewünscht. Denn mancher Besuch bei einem Orakel diente in erster Linie der Bestätigung eines bereits beschlossenen Vorhabens – um letzte Bedenken auszuräumen oder sich nach außen hin auf die legitimierende Aussage des Gottes berufen zu können. Zu diesem Zweck bediente man sich rhetorisch geschickter Frageformulierungen. So plante der Stratege Xenophon, ein Freund und Schüler des Sokrates, im Jahr 401 v. Chr. seine Zusage für die Teilnahme an einem griechisch-makedonischen Söldnerheer, mit dem der persische Kronprinz Kyros der Jüngere den amtierenden Großkönig Artaxerxes stürzen wollte. Xenophon fehlte aber eine moralische Freigabe seitens einer allgemein anerkannten Autorität für dieses ebenso riskante wie politisch fragwürdige Manöver im Land des damaligen griechischen Erzfeindes. Deshalb wandte er sich zunächst an Sokrates, der ihn an das Orakel von Delphi verwies:

Als Xenophon nun nach Delphi gekommen war, stellte er Apollon die Frage, zu welchem Gott er opfern und beten müsse, damit er seine geplante Reise bestmöglich unternehme, sein Vorhaben verwirkliche und gesund nach Hause zurückkehre. Und Apollon traf die Auswahl, welchen Göttern er dafür opfern müsse.

Xenophon, Anabasis III 1,6

Dem Orakel blieb gewissermaßen keine andere Wahl, als diejenigen Götter zu nennen, mit deren Hilfe Xenophons Vorhaben erfolgreich verlaufen würde. Diese Art der Fragestellung setzt eine positive Haltung gegenüber dem Kern des Anliegens voraus und nimmt somit genau die Antwort vorweg, welche eigentlich durch die Gottheit hätte gegeben werden müssen. Dementsprechend bezeichnete Sokrates das Vorgehen Xenophons im Anschluss als unangemessen, doch weil das Orakel einmal so erteilt worden war, spielte sein Zustandekommen im religiösen Weltbild der Griechen keine weitere Rolle: Es besaß auch in Sokrates' Augen uneingeschränkte Gültigkeit und Xenophon konnte an dem Heereszug, der später als »Zug der Zehntausend« in die Geschichte einging, guten Gewissens teilnehmen.

»Weil du deine Frage so gestellt hast«, sagte Sokrates, »musst du auch befolgen, was der Gott dir gesagt hat.«

Xenophon, Anabasis III 1,7

Die von Sokrates im Fall des Xenophon propagierte und in den meisten Fällen auch angewendete Alternativfrage bei der Konsultation eines inspirierten Mediums geht wie erwähnt auf eine ältere Form zurück: ein sogenanntes Losorakel. Die Inspiration des Mediums war in diesem Fall nur insofern erforderlich, als seine Hand bei der Wahl des Loses, dem Verständnis des Kultes nach, durch den Gott geführt wurde. Dass diese Variante der Befragung die ursprünglichste war, zeigt sich auch daran, dass selbst die Terminologie der Spruchorakel vom Losverfahren übernommen ist. So werden Weissagungen wörtlich z. B. nicht »verkündet«, sondern »herausgenommen« – und zwar aus dem Lostopf, in dem sich zu diesem Zweck eine helle und eine dunkle Bohnen befand. Bei den Preisen für die Orakelbefragung war in Delphi daher auch verzeichnet, was es den Ratsuchenden kostet, wenn er zur Befragung »der beiden Bohnen« eintritt.

Die berühmten Spruchorakel z. B. einer Pythia haben dieses Losverfahren in der Historiographie zwar weitgehend verdeckt, gleichwohl genoss es in der gesamten Antike eine hohe Popularität. Die Anfragen waren dabei sowohl profaner als auch sakraler, privater wie öffentlicher Natur. Und wiederum war es Delphi, wo die bedeutendsten Fragen dieser Art gestellt wurden.

Berühmt wurde ein Losverfahren, das die Athener 352 v. Chr. anstrengten: Es gab in der Stadt die strittige Überlegung, die sogenannte Heilige Au von Eleusis urbar zu machen und mit dem Ernteerlös anschließend die Instandsetzung des dortigen Mysterienheiligtums zu finanzieren. Weil sich keine Einigung innerhalb der Bürgerschaft erzielen ließ und um sich keines Sakrilegs schuldig zu machen, sandte man schließlich zwei Gefäße nach Delphi. Das eine enthielt ein zustimmendes, das andere ein ablehnendes Schriftstück, wie alle Bürger in einem aufwändigen Verfahren hatten prüfen können. Aus beiden Gefäßen wählte die Pythia sozusagen blind jenes, das die landwirtschaftliche Nutzung bewilligte und damit göttlich legitimierte.

Allerdings wählte das Orakel nicht zwingend aus genau zwei Alternativen aus, sondern konnte auch gewisse *multiple choice* Verfahren durchführen. Diese Möglichkeit nutzte u. a. Kleisthenes, als er im Jahr 508/507 v. Chr. die athenische Verfassung reformierte. Weil er neue Entscheidungswege schaffen wollte, die nicht mehr von den alten Cliquen der Mächtigen kontrolliert wurden, teilte er die gesamte Polis in zehn Phylen auf. Um die veränderten Strukturen religiös zu legitimieren und gesellschaftlich zu etablieren, sollte jeder Phyle ein eigener Heros als Identifikationsfigur zugeordnet werden. Deren Auswahl überließ man der Pythia: Kleisthenes sandte hundert Namensvorschläge nach Delphi, das Medium des Apollon wählte zehn von ihnen aus und die neuen Phylenheroen wurden gleichsam zum sakralen Siegel der neuen Gesellschaftsstruktur.

In welcher Form Orakel Antworten erteilten

Nachdem das inspirierte Medium ein Orakel erstellt bzw. ausgewählt hatte – wie das geschah, wird gleich im Anschluss thematisiert –, konnte die gottgegebene Antwort auf verschiedene Weise mündlich oder schriftlich bekanntgegeben werden.

Wie schon erwähnt, wurde in Delphi zumindest ab dem 1. Jahrhundert v. Chr. darauf geachtet, keinen Kontakt der Pythia mit Klienten zuzulassen. Allerdings durften diese immerhin die akustische Bekanntgabe des Orakelspruchs durch das berühmte Medium persönlich vernehmen – vor den Blicken der Ratsuchenden war die Pythia indes geschützt. In Didyma verkündete das Medium seine Weissagung sogar ausschließlich an ein weiteres Kultmitglied, den Prophetes, der den Spruch dann mündlich an die Fragesteller übermittelte.

Zusätzlich notierte das Kultpersonal in diesen Orakeln die Antwort – in Didyma ist sogar eine gesonderte Orakelschreibstube belegt – und übergab dem Ratsuchenden die schriftliche Fassung, welche als offizieller Ausspruch der jeweiligen Gottheit galt. So brachten auch die in Sparta für den Kontakt mit Delphi zuständigen Pythioi alle Antworten des Orakels in Schriftform zurück, und zwar nach altem Brauch auf Tierhäuten festgehalten. An manchen Stätten wurden Orakel allerdings auch ausschließlich schriftlich übergeben, etwa in Korope.

Ein praktischer Nebeneffekt solcher Schriftstücke bestand darin, dass die Priester und Kultdiener bei schwer verständlichen oder verrätselten Antworten zudem separate, kurze Deutungen auf dem Trägermaterial notieren konnten, die vom eigentlichen Orakelspruch abgesetzt waren. Doch nicht immer waren die Schreiber in der Lage, Verständnishilfen zu geben, wie Herodot anhand eines besonderen Falls berichtet.

Nach der Niederlage bei Salamis überwinterte Mardonoios, der Befehlshaber des persischen Landheeres, in Thessalien. Von dort aus sandte er einen Mann namens Mys, der aus Europos stammte, zu allen umliegenden Orakelstätten. Auf seiner Rundreise gelangte Mys unter anderem zum Apollon-Heiligtum von Ptoos. Kaum hatte er dort – begleitet von drei gewählten Männern der Polis, die den Götterspruch notieren sollten – den heiligen Bezirk betreten, als der Oberpriester des Gottes einen Spruch in einer fremden Sprache verkündete. Die Begleiter des Mys waren darüber verwundert und wuss-

ten für den Moment nicht, wie sie sich angesichts dieses Ereignisses verhalten sollten. Aber Mys nahm ihnen die mitgebrachten Tafeln aus den Händen, notierte den Ausspruch des Priesters und erklärte, dieser habe ein Orakel in karischer Sprache gegeben. Direkt anschließend begab sich Mys wieder nach Thessalien.

Herodot, Historiai VIII 135

Eine solch prompte Beantwortung war an sich nicht selbstverständlich. Wahrscheinlich konnte Mys aus Europos als Gesandter des Perserreichs eine Promantie in Anspruch nehmen. Gerade bei sehr beliebten Orakeln oder solchen, die nur selten öffneten, trafen nämlich meist zahlreiche Ratsuchende zur selben Zeit ein, sodass der Zeitraum zwischen der Abgabe einer Frage bis zur Erteilung des Spruchs beträchtlich sein konnte: Mehrfach ist von einer Nacht Zwischenzeit die Rede.

Doch selbst bei einem bestehenden Fragevorrecht konnte die Antwort auf schwierige Anfragen längere Zeit in Anspruch nehmen. Denn das Orakel, d.h. das Medium im Zusammenspiel mit der Priesterschaft, wählte in politisch komplexen oder diplomatisch heiklen Zusammenhängen oft erst sorgfältig eine geeignete Formulierung.

Überaus mächtige Städte, Könige und Tyrannen mit größten Ansprüchen wandten sich mit Blick auf ihre gewaltigen Pläne an den delphischen Apollon. Und es wäre für das Orakel nicht von Vorteil gewesen, diese Leute zu verdrießen und ihren Hass hervorzurufen, indem es ihnen viel Missliebiges verkündet hätte.

Plutarch, Moralia 407D

Bei solchen Anfragen musste sich ein Orakel zudem vorsehen, dass es nicht für nachweislich fehlerhafte Prophezeiungen verantwortlich gemacht werden konnte – sowohl um dem Zorn der Mächtigen zu entgehen, als auch des eigenen Renommees willen. Daher halten gerade die Sprüche zu wichtigen politischen Anfragen mehrere Optionen offen.

Eine gewisse Zweideutigkeit, Umschreibungen und Rätselhaftigkeit waren erforderlich.
Plutarch, Moralia 407C

Inwieweit solche Antworten, die das heutige Bild eines Orakelspruchs nachhaltig geprägt haben, inhaltlich noch der Inspiration des Mediums entsprachen und ob eine Veränderung der originären Aussage innerhalb des Kults legitimiert war, muss mangels entsprechender Quellen offen bleiben. Eine formale Umgestaltung hingegen konnten die Priester theologisch durchaus begründen. Denn schon die eigentlichen Worte z. B. einer Pythia galten den Kultangehörigen nur als die individuelle Formulierung einer göttlichen Botschaft, die problemlos auch in anderer Weise hätte kommuniziert werden können.

Der Gott liefert die Grundlage der Begeisterung, und dann werden die mantischen Priesterinnen jeweils entsprechend ihrer natürlichen Veranlagung bewegt. Wenn sie die Orakel aufschreiben müssten, anstatt sie mündlich zu verkünden, wäre es doch auch grotesk, anzunehmen, dass es sich um die Handschrift des Gottes handelte. Letztlich ist weder die Stimme diejenige der Gottheit, noch der Tonfall, noch die Wortwahl, noch die Metrik. Sondern all das stammt von der Pythia.
Plutarch, Moralia 397B–C

Die Frage nach einer persönlichen Abfassung durch das jeweilige Medium wurde in der Antike schon deshalb häufig gestellt, da es in Delphi und anderen Stätten lange Zeit üblich war, Orakelsprüche in metrischer Form zu erteilen.

Weil die verkündeten Verse jedoch häufig nur von geringer poetischer Qualität waren, können sie plausibler Weise auch von einem nur geringfügig geschulten Medium erstellt worden sein.

Im Apollon-Orakel von Klaros gibt ein Priester, meist ohne schreiben oder dichten gelernt zu haben, Antworten in Versform.

Tacitus, Annalen II 54

Diogenianos sagte bei seinem Besuch in Delphi, er habe sich oft über die schlechte Qualität and Einfachheit der hexametrischen Verse gewundert, in denen die Orakel verkündet werden.

Plutarch, Moralia 396C

Doch zumindest zeitweise erfolgte eine formale Ausgestaltung der Orakelsprüche auch durch professionelle Dichter, wie die Quellen bezeugen. Eine solche Nachbearbeitung war aus den genannten Gründen mit dem kultischen Anspruch eines Orakels vereinbar. Und Strabon zufolge haben beide Varianten der metrischen Formgebung sogar harmonisch nebeneinander bestanden.

Die Pythia selbst verkündet ihre Sprüche sowohl in Versform als auch in Prosa. Letztere wird dann jedoch von Dichtern, die im Dienst des Tempels stehen, versifiziert.

Strabon, Geographie IX 3,5

Quellen der Inspiration

Voraussetzung für alle Prophezeiungen eines Mediums war nach dem kultischen Selbstverständnis der mantischen Heiligtümer die gottgegebene Inspiration. Wie aber erlangten Pythia und Co. diese Eingebung?

Zur Prophetie emporsteigen kann die menschliche Seele – und das ganz ohne wissenschaftlichen Grund – zum einen im Zustand der Ekstase und zum anderen beim Träumen.

Cicero, De divinatione I 4

Ein göttliches Orakel in Ekstase zu erhalten, war nach griechischer Vorstellung allerdings an besondere Bedingungen geknüpft. Das Medium musste nicht nur den richtigen Ort und das passende Datum wählen, an denen der Gott durch seine Anwesenheit eine Eingebung ermöglichen würde. Es waren auch gewisse kultische Handlungen erforderlich, um die von der Gottheit ausgehende Inspiration geistig aufzunehmen. Zu diesen Mitteln zählte insbesondere der Verzehr von geweihten Nahrungsmitteln – meist Wasser oder Lorbeer, der als Apollons heilige Pflanze galt. Lukian greift entsprechende Methoden auf, als er Zeus, den Göttervater, Apollons zahlreiche Verpflichtungen schildern lässt:

Bei jeder Orakelpriesterin, die einen Schluck heiliges Wasser getrunken, ein Lorbeerblatt gekaut und einen Dreifuß geschüttelt hat, muss Apollon sich einfinden. Denn dann heißt es für ihn: Jetzt oder nie! Und wenn er sich nicht unverzüglich einstellt, um das gewünschte Orakel bereitzustellen, hat er seinen Kredit verspielt.

Lukian, Bis accusatus 145

Rauschgifte oder Psychopharmaka, die in der Antike durchaus schon bekannt waren, sind den Quellen zufolge nicht als Hilfsmittel für die mantische Verzückung eingesetzt worden. Berauschende oder zumindest inspirierende Dämpfe, die direkt aus dem Erdboden aufstiegen, werden hingegen von mehreren Autoren als Erklärung für die regelmäßige mantische Intuition des einen oder anderen Mediums angeführt. So schreibt z. B. Strabon über Delphi:

Angeblich befindet sich der Sitz des Orakels über einer tief in die Erde reichenden Höhle mit spaltartiger Öffnung. Aus dieser Kluft steigt ein Luftstrom empor, der die göttliche Ekstase erzeugt. Über dem Spalt hat man einen hohen Dreifuß platziert, auf dem die Pythia sich niederlässt, um den Hauch der Tiefe einzuatmen und dann Orakelsprüche zu verkünden.

Strabon, Geographie IX 1,5

Dass die Ekstase der Orakelmedien keineswegs eine Form von unbeherrschter Raserei, sondern vielmehr einen vorteilhaft verstandenen Zustand geistiger Verzückung beschreibt, machen folgende Worte von Sokrates deutlich:

Es gibt eine – allerdings unzutreffende – Redensart, man solle sich besser an lieblose als an liebende Menschen halten. Letztere nämlich stünden außer sich, Erstere hingegen seien besonnen. Das wäre zwar ein schöner Sinnspruch, wenn grundsätzlich zuträfe, dass das Verzückt-Sein ein Übel wäre. Doch gerade das höchste Gut erlangen die Menschen im Zustand der Verzückung – und zwar in jener, die durch göttliche Gabe zuteil wird. Denn sowohl die Prophetin in Delphi als auch die Priesterinnen in Dodona haben in ihrer Ekstase viel Schönes und Gutes für Griechenland bewirkt – sowohl in privater als auch staatlicher

Hinsicht. Wenn sie aber bei nüchternem Verstand waren, wenig oder gar nichts.

Platon, Phaidros 244ab

Das Eintreten einer mantischen Inspiration hing nach dem Götterglauben der Antike in erster Linie vom Wirken einer Gottheit ab. Dieses wurde in gebildeten Diskursen zwar unterschiedlich erklärt und motiviert bzw. von den Gegnern der Mantik zu widerlegen gesucht, galt aber im Allgemeinen als selbstverständliche Fähigkeit eines Zeus oder Apollon, die nicht näher hinterfragt zu werden brauchte.

Wenn es Götter gibt, gibt es auch Menschen, die weissagen können.

Cicero, De divinatione I 9

Die Vorgänge im Bewusstsein des Mediums und dessen Anteil bei einer mantischen Eingebung sind hingegen nur vereinzelt angesprochen worden. Die psychologische Reflexion über das Mitwirken des menschlichen Parts erschöpfte sich im Wesentlichen darin, bei verschiedenen Personen eine unterschiedliche Disposition zu ekstatischer Inspiration anzusetzen. Darüber hinaus musste ein geeignetes Medium im Moment der Orakelerkundung lediglich geneigt sein, das göttliche Wirken zulassen. Offenbar gab es neben dieser abstrakten Theorie jedoch keine konkreten Vorstellungen für solche psychischen Abläufe, denn die innere Bereitschaft, eine mantische Botschaft aufzunehmen, war den Quellen zufolge für Menschen gar nicht zu erkennen.

Die Priester beobachten die Vorzeichen vor dem Orakel, weil der Gott ihrem Verständnis nach weiß, wann die Pythia die geeignete geistige Konstitution besitzt, um die Inspiration Apollons ohne Scha-

den in sich aufzunehmen. Denn die Kraft seiner Eingebung bewirkt weder bei verschiedenen Leuten noch bei denselben Leuten stets das gleiche.

Plutarch, Moralia 438C–D

Weil das Zustandekommen einer Weissagung also in erster Linie vom Engagement der jeweiligen Orakelgottheit abhing, war es unerlässlich, deren Wohlwollen zu gewinnen. Zu diesem Zweck vollzogen die Seherinnen und Seher insbesondere die bereits angesprochenen Inspirationsrituale der kultischen Nahrungsaufnahme. Diese versinnbildlichte das seelische Eindringen der Gottheit in den Körper des Mediums und galt als Voraussetzung für die mantische Intuition.

Häufig trank das Medium dafür aus einer bestimmten, als heilig angesehenen Quelle – in Delphi aus der berühmten Kassotis –, die nicht selten im Zentrum der entsprechenden Orakelstätte lag.

Bei Plataiai in Boiotien liegen die Ruinen von Hysiai. Darunter befinden sich noch heute ein halbvollständiger Apollon-Tempel sowie ein heiliger Brunnen. Aus diesem wurde getrunken, wie die Einheimischen erzählen, um Orakel zu erteilen.

Pausanias, Periegesis IX 2,1

Das genaue rituelle Prozedere variierte auch in diesem Punkt von Ort zu Ort: Während das priesterliche Medium beim Apollon-Orakel von Didyma nach dem Trinken auch seine Füße in die heilige Quelle tauchte, genügte mancherorts bereits das Einatmen des Wasserdunstes, um die Inspiration einzuleiten.

Die Bedeutung des rituellen Getränks und seiner kultischen Reinheit für die Orakelerteilung zeigt sich exemplarisch daran, dass man im 6. Jahrhundert v. Chr. eine Einfassung um die Kassotis legte und diese Quelle direkt ins Allerheiligste von Delphi leitete: Dort trank die Pythia aus ihr, um Apollons Orakel zu verkünden. Ebenfalls in Delphi wird allerdings deutlich, dass nicht jede heilige Quelle als geeignet angesehen wurde, eine göttliche Inspiration hervorzurufen: So wurde die am gleichen Apollon-Heiligtum entspringende Kastalische Quelle ausschließlich dazu verwendet, die erforderlichen Reinigungsvorgänge vor der Orakelprozedur durchzuführen.

Je nach lokalem Ritus konnte das Medium anstelle von Wasser aber durchaus auch andere Getränke zu sich nehmen. Eher symbolisch war dabei das Nippen am Blut von Opfertieren, die der Orakelgottheit geweiht worden waren:

Wenn man den Burgberg von Argos hinaufgeht, kommt man zum Tempel des Apollon. Hier werden noch heute Spruchorakel erteilt, und zwar durch eine Frau, die von jeglichem männlichen Umgang abgeschottet ist: Einmal pro Monat wird nachts ein Lamm geopfert, an dessen Blut die Frau nippt, und anschließend wird diese von der Gottheit inspiriert.

Pausanias, Periegesis II 24,1

Ein auch heute geläufiges, berauschendes Getränk wurde hingegen bei den Orakeln des Dionysos eingesetzt: Wein. Der Grund bestand nicht vornehmlich darin, für die Orakelerstellung an sich eine bewusstseinsverändernde Wirkung zu erzielen. Vielmehr gehörten der Weingenuss und der alkoholische Rausch (in mehr oder minder intensiver Form) beim Kult dieses Gottes prinzipiell zum Ritus. Entsprechend trank auch die Prophetin des Dionysos im thrakischen Ligyra vor jedem Orakel dessen heiliges Getränk.

Bei den Ligyräern in Thrakien ist das Allerheiligste dem Dionysos geweiht und von dort werden Orakel verkündet, berichtet Aristoteles. Diese Sprüche weissagt man nach dem Genuss von sehr viel reinem Wein – so wie man beim Orakel des Apollon in Klaros Wasser trinkt.
Makrobius, Saturnalia I 18,1

Aber nicht nur die Aufnahme, sondern auch der Verzicht auf Nahrungsmittel wurde als Inspirationsgrundlage angesehen und kultisch praktiziert: Rituelles Fasten war z. B. in Didyma üblich. Dort durfte das Medium vor einer mantischen Sitzung drei Tage lang nichts essen. Während solche und ähnliche physischen Entbehrungen schon an sich tendenziell dazu führen, die kontrollierte Ebene des Bewusstseins zu verlassen und einen leicht entrückten Zustand zu erreichen, verstärkten manche Orakelstätten diese geistigen Prozesse bei ihrem jeweiligen Medium noch. Im lykischen Patara etwa wurde die Seherin von der normalen Außenwelt abgeschottet.

Von der Priesterin des Gottes in Patara heißt es, sie habe niemals Umgang mit sterblichen Männern und schlafe, wenn der Gott erscheint, im Tempel. Dann wird diese Frau die ganze Nacht mit ihm zusammen im Allerheiligsten eingeschlossen.
Herodot, Historiai I 182

Die beschriebenen Methoden, eine Inspiration herbeizuführen, konnten auch miteinander verknüpft sein: So stiegen die Seher sowohl in Klaros als auch in Ptoios zuerst in eine Quellgrotte und tranken in der Tiefe von dem als heilig geltenden Wasser. Erst daraufhin erteilten sie ihre Spruchorakel.

Germanicus landete während seiner Verwaltungs- und Besichtigungsreise durch Kleinasien in Kolophon, wo er das Apollon-Orakel von Klaros befragen wollte. Dort fungiert nicht wie in Delphi eine Frau, sondern ein aus bestimmten Familien und in der Regel aus Milet berufener Mann als Medium. Dieser Priester lässt sich lediglich die Anzahl der Ratsuchenden sowie deren Namen sagen. Dann steigt er in eine Höhle hinab, trinkt das Wasser einer geheimnisvollen Quelle und erteilt Spruchorakel in Versform – und zwar dazu, woran die Ratsuchenden gerade dachten. Dem Germanicus soll er in dunklen Andeutungen, wie man sie von Orakeln kennt, einen frühen Tod vorausgesagt haben.

Tacitus, Annales II 54

Traumbilder und Schrecksekunden: Der Kunde als Medium

Eine besondere Art von Orakelstätten, die ab dem 2. Jahrhundert v. Chr. immer populärer wurde, unterschied sich von den bisher beschriebenen Heiligtümern in einem entscheidenden Punkt: Nicht ein kultisches Medium erhielt die Inspiration, sondern die Ratsuchenden selbst hofften eine göttliche Botschaft zu empfangen. Damit der Klient die dafür erforderliche Bewusstseinsebene erreichen konnte, setzte man in den Kultstätten meist auf Träume oder gezielt herbeigeführte Schockerlebnisse. Die in solchen Phasen bzw. Momenten aufkommenden Gedankenbilder galten als vollgültige Orakel. Und bei Bedarf konnte sich jeder Interessent diese anschließend von den Kultmitgliedern der Stätte deuten lassen.

Der Glaube, dass Götter den Menschen Träume eingeben, ist nicht nur in der griechischen Literatur schon seit Homer belegt. Auch im Alltag hielten die meisten Menschen Traumgesichter für göttliche Hinweise. Zwar sind Träume von Natur aus nicht an bestimmte Orte gebunden. Doch in Griechenland suchte man bei bestimmten Anliegen die sogenannten Traumorakel auf. Denn diese boten dem Gläubigen gewissermaßen eine Garantie, im Schlaf – der sogenannten Inkubation – Botschaften der jeweiligen Gottheit zu empfangen.

Nicht anders als das priesterliche Medium in den übrigen Orakelstätten musste der Kunde zunächst bestimmte rituelle Vorbereitungen durchführen. Diese entsprachen grundsätzlich, wenn auch in unterschiedlicher Ausprägung, den bereits erwähnten Praktiken. Es waren also je nach lokalem Ritus gewisse Opfer und Waschungen, der Verzehr bestimmter Lebensmittel oder alternativ ein – auch mehrtägiges – Fasten sowie sexuelle Enthaltsamkeit erforderlich.

Um der Gottheit im Schlaf möglichst nahezukommen, gab es darüber hinaus verschiedene örtliche Besonderheiten. So ließ man sich z. B. in Oropos, am Orakel des Amphiaraos, das Fell des zuvor geopferten Tieres geben und lagerte sich in der Nacht darauf. Diese verbrachte man entweder im Tempel selbst oder, gerade in den populärsten Stätten, in eigens dafür angelegten Gebäuden.

Was der Besucher im Traum wahrnahm, galt als Antwort auf das Anliegen, mit dem er eingetroffen war. Dabei musste dieses Anliegen nicht einmal ein persönliches sein. Es war sogar möglich, eine Art Auftrags-Traumorakel zu nutzen.

Ich kann etwas ganz Interessantes berichten, was ich in Kilikien über das Mopsos-Orakel erfahren habe: Der Herrscher von Kilikien hatte zur Zeit meines Eintreffens an seinem Hof noch eine gespaltene Meinung über die Religion als solche. Deshalb sandte er einen Freigelassenen zum Orakel des Mopsos und ließ diesem eine versiegelte Schreibtafel mitgeben. Auf deren Innenseite stand eine Frage, die keiner außer dem Herrscher selbst kannte. Wie es der Brauch ist, verbrachte der Gesandte eine Nacht in dem heiligen Bezirk und schlief dort ein. Am Morgen danach hatte er von folgendem Traum zu berichten: Ihm war ein Mann erschienen, der sich gleichsam neben ihn gestellt und nur ein Wort geäußert habe: »Schwarz«, sonst nichts. Sofort danach sei der Mann wieder verschwunden. Das erschien uns sehr merkwürdig und warf zahlreiche Fragen auf. Aber der Herrscher selbst war tief ergriffen, fiel nieder und huldigte den Göttern. Dann öffnete er die Schreibtafel und zeigte uns die Frage: »Soll ich dir einen weißen oder einen schwarzen Bullen opfern?«

Plutarch, Moralia 434D

Für den Träumenden besaßen solche Orakel – wie auch dieses Beispiel zeigt – meist eine unklare, schwer verständliche Aussage. Daher halfen die Priester der Orakelstätten den Besuchern, klare Schlüsse aus den geschilderten Traumerlebnissen zu ziehen. Auch in der Literatur kursierten entsprechende Deutungen:

Im Traum zu fliegen kündigt ein gutes Geschäft an.
Olivenöl bedeutet, dass du jedem Unheil entkommst.
Wenn du violette Kleidung trägst, weist das auf eine schwere Krankheit hin.
Ein Haarschnitt kündigt geschäftlichen Schaden an.
Küssen weist auf langwierige Auseinandersetzungen mit Feinden hin.
Händewaschen bedeutet, dass deine Sorgen sich auflösen werden.

Astrampsychos, Oneirokritikon 30 ff.

Eine besonders gefragte Variante der Inkubation war der Heilschlaf, der vor allem an den Kultorten des Asklepios – etwa in Athen und Epidauros – praktiziert wurde. Die Kranken bzw. deren Gesandte hofften, während des Traums medizinische Heilhinweise in bildhafter Form zu erhalten. Diese wurden dann mit der hilfreichen Auslegung eines Orakelpriesters gedeutet, der letztlich eine konkrete Therapie oder bestimmte Heilmittel empfahl.

Den Besuch eines solchen Orakels beschreibt Aristophanes in der Komödie *Plutos (Reichtum)*. In ihr wird allerdings nicht ein Mensch ins Asklepios-Heiligtum gebracht, sondern der namengebende, schwächelnde Reichtum einer Familie, der dort wieder zu Kräften kommen soll. Die beschriebenen Riten vor Ort sind – anders als die übrige Handlung – kein fiktionales Element. Denn gerade die Anwendung der als heilig anerkannten Riten im unpassenden Zusammenhang banaler Geldgier ruft jene Diskrepanz hervor, die den Witz der Szene ausmacht.

Sklave: Mein Herr ist über alle Maßen glücklich,
»geheilt durch die Gunst und Kunst des Asklepios«.
Frau: Was gibt es da zu jubeln? Bringst du gute
Nachrichten? Ich sitze schon so lange hier im Haus
und warte sehnsüchtig auf dich – und deine Botschaft!
Sklave: Schnell, jetzt, schnell her mit dem Wein!
Du wirst gleich gerne mittrinken, ich weiß es:
Denn alles Glück der Erde bring ich dir nach Haus.
Frau: Dann mach schnell und sag schon, was du weißt!
Sklave: Also, kaum waren wir am Tempel angekommen
mit dem Erkrankten – soeben war er noch
der Elendste, doch jetzt ist er so glücklich –
da führten wir ihn als Erstes ans Meer,
um ihn zu waschen.
Frau: Zeus! Wie herrlich muss für diesen
Greis das kalte Meer gewesen sein!
Sklave: Dann gingen wir zum Heiligtum zurück,
legten Brot und Kuchen als heiliges
Brandopfer auf den Altar und brachten,

dem Ritus entsprechend, den Reichtum
zu Bett und legten uns direkt daneben.
Frau: Haben da auch noch andere Heilung gesucht?
Sklave: Ja, Neokleides, der Blinde, der jeden Sehenden
beim Stehlen übertrifft, und viele andere Leute
mit den unterschiedlichsten Krankheiten.
Der Tempeldiener löschte dann die Lichter,
wies uns an, ruhig zu schlafen, und so lagen wir
dann alle brav auf unseren Plätzen.
Ich jedoch konnte nicht schlafen und so sah ich
des Nachts durch die Löcher meines Gewandes,
wie der Gott sich nahte, und bevor du, Frau,
zehn Becher Wein hinunterschluckst,
war der Reichtum wieder ganz gesund.
Aristophanes, Plutos 633 ff.

Doch nicht nur durch Träume versuchte man, individuelle Orakel direkt von der Gottheit zu erhalten. Einzelne Heiligtümer versprachen ihren Klienten stattdessen Inspiration durch eine Art kontrollierter Grenzerfahrung: Eine plötzliche, erschreckende Einwirkung von außen sollte den Ratsuchenden die Kontrolle über Körper und Gedanken zugleich verlieren lassen, damit der gewissermaßen befreite Geist in diesem Moment die göttliche Botschaft wahrnehmen könne. Am Orakel des Trophonios in Lebadeia riss man den Klienten dazu durch einen dunklen unterirdischen Schacht.

Bei dem Orakel geschieht folgendes: Wenn jemand in die Höhle des Trophonios hinuntersteigen will, muss er zuerst eine gewisse Anzahl von Tagen in einem bestimmten Haus verbringen. Dieses Haus ist einem guten Geist und dem glücklichen Gelingen geweiht.

Die Zeit des Aufenthalts nutzt der Ratsuchende, um zahlreiche kultische Reinigungen vorzunehmen. Allerdings darf man nicht warm baden, sondern muss dafür in den Fluss Herkyna steigen. Es ist allerdings erlaubt, reichlich Fleisch zu essen, und zwar von den geopferten Tieren, die man Trophonios und dessen Söhnen, Apollon, Kronos, Zeus dem Herrscher, Hera der Lenkerin, Demeter – in Lebadeia Europa genannt – und schließlich der Amme des Trophonios darbringen muss.

Bei jedem Opfer ist ein Seher anwesend und begutachtet die Eingeweide des Opfertiers. Anschließend verkündet er dem Ratsuchenden, ob Trophonios ihn nach dessen Einstieg ins Erdreich günstig und gütig empfangen werde. Bei den Tieropfern, die nicht dem Trophonios selbst dargebracht werden, sind die Eingeweide allerdings weniger aussagekräftig für die Haltung des Orakelgottes. Wenn aber die Nacht gekommen ist, in welcher der Fragende in die Tiefe hinabsteigt, opfert man einen Widder über einer Grube. Und selbst gesetzt den Fall, dass alle früheren Opfer günstig ausgefallen waren, werden diese verworfen und bedeutungslos, falls die Eingeweide des Widders ein gegenteiliges Zeichen geben. Sofern jedoch auch diese zuraten, kann der Besucher hoffnungsvoll in die Tiefe hinabsteigen.

Davor muss jedoch noch Folgendes geschehen: Zuerst führt man ihn in der genannten Nacht zu einem Fluss namens Herkyna. Dort waschen und salben ihn zwei freie Söhne der Stadt im Alter von meist dreizehn Jahren, die sogenannten Hermai. Diese Jungen waschen den Ratsuchenden also vor dem Hinabsteigen und sorgen auch sonst für alles Nötige. Anschließend führt der Priester ihn aber noch nicht zur Orakelstätte, sondern zu nahegelegenen Quellen. Dort muss der Klient das sogenannte Wasser des Vergessens trinken, um alles zu vergessen, was er bisher gedacht hatte. Danach trinkt er aus einer anderen Quelle das Wasser der Erinnerung – denn dadurch erinnert er sich nachher an alles, was er in der Tiefe gesehen hat.

Nun muss der Ratsuchende ein Kultbild anschauen, das Daidalos persönlich gestaltet haben soll und das die Priester nur denen zeigen, die auf dem Weg zu Trophonios sind. Sobald er dieses Kultbild angesehen, verehrt und angebetet hat, kann er sich zur eigentlichen Orakelstätte begeben. Dabei muss er einen leinenen Chiton, Binden um diesen Chiton sowie landestypische Sandalen tragen.

Die Orakelstätte selbst befindet sich auf dem Berg oberhalb des dem Trophonios geweihten Hains. Dort hat man in der Art eines Dreschplatzes eine runde, etwa hüfthohe Marmorplattform angelegt. Darauf steht ein Gitterbau mit Stäben und Querstreben aus Bronze. Öffnet man eine von dessen Türen, gelangt man im Inneren zu einer Erdspalte, die zwar natürlich entstanden war, aber künstlich und mit viel Sorgfalt auf das Genaueste ausgebaut worden ist. Die Form dieses Bauwerks ähnelt einem Ofenrohr, allerdings mit einem Durchmesser von ca. vier Ellen Breite und einer Tiefe, die auf etwa acht Ellen zu schätzen sein dürfte.

Eine Treppe oder Ähnliches gibt es dort nicht. Wenn jemand zu Trophonios hinabsteigt, bringt man ihm stattdessen eine leichte, dünne Leiter. Unten angekommen, erblickt man an einer Seite ein schmales Loch, etwa hüftbreit und so hoch wie eine große Handspanne. Nun legt sich der Ratsuchende flach auf den Boden – übrigens hält er die ganze Zeit einen mit Honig gebackenen Kuchen in der Hand – und schiebt sich mit den Füßen voran in das Loch hinein, bis er mit seinen Knien in dem Loch steckt. Dann wird sein Körper sofort ergriffen und folgt den Knien rasend schnell in das Loch, wie wenn ein gewaltiger, reißender Fluss einen Menschen erfasst und seine Strudel ihn verschlingen. Jetzt erfahren alle, die in das Allerheiligste gelangt sind, auf unterschiedliche Weise etwas über die Zukunft: der eine sieht etwas, der andere hört etwas, es ist nie ein und dasselbe.

Durch dasselbe Loch kehrt man anschließend wieder zurück, erneut mit den Füßen nach vorn. Oben wird man dann von den

Priestern aufgenommen und in unmittelbarer Nähe zu der Erdspalte auf den sogenannten Thron der Erinnerung gesetzt. Dann fragen die Kultmitglieder nach den Dingen, die der Hinabgestiegene in der Tiefe gesehen oder erfahren hat, um sie zu deuten, und vertrauen den Klienten anschließend seinen Begleitern an. Diese tragen ihn in das Haus, in dem er sich auch vorher aufhielt und das dem guten Geist und dem glücklichen Gelingen geweiht ist – vor Schreck ist er zu diesem Zeitpunkt noch ganz benommen und muss erst richtig zu Bewusstsein kommen. Später kehrt dann auch sein Lachen zurück.

Pausanias, Periegesis IX 39,5–14

Die Tiefe wurde noch für eine weitere Art von Orakeln verwendet, die sich auch kultisch auf die Unterwelt bezogen. Denn in der Antike war der Glaube verbreitet, dass die Verstorbenen als Schatten weiterexistierten und als solche besondere Kenntnisse besaßen. An einzelnen Stellen, die seit grauer Vorzeit als Zugänge oder Grenzen zur Unterwelt galten, konnten sich dementsprechend Totenorakel entwickeln, in denen man die Geister der Unterwelt befragte. Bei der antiken Ortschaft Ephyra am Acheron, der dem Mythos nach auch durch den Hades floss, befand sich das mit Abstand bekannteste Totenorakel: Hier suchten zahlreiche Klienten den direkten Kontakt mit den Verstorbenen. Wie in allen Orakelstätten waren dafür zunächst bestimmte Opfer, rituelle Waschungen und der Verzehr einzelner Speisen und Getränke erforderlich. Nach Abschluss dieser Vorbereitungen gelangte der Ratsuchende durch schmale, labyrinthartige Gänge in das tief in den Felsen gehauene Allerheiligste. Dort wartete er auf seine Inspiration und den Kontakt mit den Verstorbenen, denen er seine Fragen stellte. Die Besonderheit dieses Orakels besteht aus heutiger Sicht darin, dass aufgrund seiner Architektur auch die trickreiche Methode der lokalen Orakelerteilung zu ermitteln ist. Denn unter dem Heiligtum befand sich ein weiterer, baulich getrennter Raum: Das poröse Gestein ließ die Anfragen der Klienten akustisch dorthin durchdringen – und sorgte auf dem umgekehrten Weg dafür, dass der Ratsuchende aus der vermeintlichen Unterwelt heraus Stimmen vernahm. Diese deutete er als Antwort der Toten, tatsächlich aber stammten sie von Kultmitgliedern aus dem Geheimraum.

An allen Stätten dieser Art konsultierte man entsprechend dem eigenen Anliegen jeweils solche Tote, die zu ihren Lebzeiten als besonders kompetent für die gewünschte Antwort gegolten hatten: Heilheroen befragte man nach medizinischen Mitteln, verstorbene Seher nach zukünftigen Entwicklungen, jeden beliebigen Toten zu Ereignissen aus dessen eigenem Leben.

Periander, der Tyrann von Korinth, ließ alle Frauen dieser Stadt am selben Tag ihre Kleider ausziehen, und das wegen seiner verstorbenen Frau Melissa. Er hatte nämlich Boten an den Acheron geschickt, um durch ein Totenorakel von Melissa zu erfahren, wo sich das von einem Gastfreund hinterlegte Pfand befinde. Doch als die Verstorbene in dem Orakel erschien, erklärte sie, weder mit Zeichen noch Worten anzugeben, wo das Geld sich nun befinde. Denn sie sei nackt und friere, weil man ihre Totenkleider bei der Einäscherung nicht mit verbrannt habe. Zum Beweis dafür, dass sie die Wahrheit sage, ließ sie Periander ausrichten, er habe sein Brot in einen kalten Ofen geschoben. Als der Tyrann davon erfuhr, glaubte er dem Orakel. Er hatte nämlich noch Geschlechtsverkehr mit Melissa gehabt, als diese bereits tot gewesen war. Kaum hatte er also diese Nachricht erhalten, ließ er alle Frauen Korinths öffentlich in den Heratempel rufen.

Sie kamen natürlich in ihren schönsten Gewändern, weil sie ein Fest vermuteten. Doch Periander ließ sie alle von seiner Leibwache umzingeln und befahl den freigeborenen Bürgerinnen ebenso wie den Dienerinnen ausnahmslos, ihre Kleider auszuziehen. Die Gewänder warf man in eine Grube, verbrannte sie und sprach dabei Gebete für Melissa.

Nun ließ der Tyrann erneut das Totenorakel befragen, und diesmal verriet Melissas Geist, wohin sie das Pfand des Gastfreundes zu Lebzeiten gelegt hatte.

Herodot, Historiai V 92

Bei Homer ist die Kommunikation mit den Toten nicht nur möglich, sondern wird in einer Szene der *Odyssee* – der dichterischen Freiheit sei dank – sogar in ihrer Idealform durchgeführt: Dort begibt sich Odysseus persönlich bis zur Unterwelt, um den berühmten Seher Teiresias zu befragen. Dazu hatte ihm die Zauberin Kirke geraten:

Jetzt müsst ihr noch das Haus des Hades und der schrecklichen Persephone finden: Dort gilt es, den Geist des Thebaners Teiresias zu befragen – jenes erblindeten Sehers, dessen Sinn unerschüttert ist. Denn Persephone gewährte ihm als einzigem Verstand und klares Bewusstsein auch noch im Tod. Die anderen Toten hingegen sind huschende Schatten.

Homer, Odyssee X 491–494

Später schildert Odysseus die Szene am Hades mit eigenen Worten folgendermaßen:

Ich zückte mein scharfes Schwert und hob damit eine Grube aus, eine Elle lang und breit. Ringsum goss ich Tierblut als Trankopfer für alle Toten aus. Da aber kam der Schatten des Thebaners Teiresias mir ganz nahe, in der Hand einen goldenen Stab. Und er hob an, da er mich sofort erkannt hatte: »Unglückseliger, warum bist du gekommen? Geh einen Schritt von der Grube zurück und nimm das scharfe Eisen weg. Denn ich will vom Blut trinken und dir klare Sprüche verkünden.« Also trank er und sprach wahrhaftig und wörtlich, der treffliche Seher: »Süße Heimkehr ersehnst du, strahlender Odysseus! Aber schrecklich wird ein Gott sie dir werden lassen. Dem Erderschütterer Poseidon wirst du nämlich schwerlich entgehen, und der wälzt heftige Wut und innigen Groll in seinem Sinn gegen dich. Denn du hast ihm den Sohn, Polyphem, zu seinem schweren Leidwesen geblendet. Erst nach langer Zeit kehrst du heim: elend und weder mit deinen Gefährten noch auf deinem eigenen Schiff. Und in deinem Palast triffst du auf weiteres Unheil, Männer mit maßlosem Übermut. Sie verprassen deinen Besitz und freien um deine Gemahlin Penelope. Kommst du dann aber nach Hause, wirst du sie ihre Frevel gewiss büßen lassen. So lautet für dich mein Wahrspruch.«

Homer, Odyssee XI 24 ff.

Orakelstätten mit Zeichendeutern: Die deduktive Weissagung an heiligen Stätten

Die Deutung bestimmter Zeichen an Orakeln als Unterstützung oder Ergänzung göttlicher Inspiration ist bereits mehrfach erwähnt worden – etwa wenn es darum ging, die Bedeutung von Traumbildern zu erklären oder die Annahme von Opfertieren durch die jeweils befragte Gottheit zu erkennen. An einigen Orakeln jedoch stellte die Zeichendeutung die eigentliche Kunst der Orakelerteilung dar: Anhand bestimmter Beobachtungen, die keinerlei Inspiration voraussetzen, interpretierte man dort den Willen oder die Ratschläge der vor Ort verehrten Gottheit.

Wie bei der »intuitiven« Kunst der mantischen Inspiration unterschieden sich auch bei dieser »deduktiven« Zeichendeutung die befolgten Bräuche und Methoden je nach Orakelstätte: vom Vogelflug bis zum Flammenwurf wurden diverse Begebenheiten gedeutet. Die Techniken der Interpretation deckten sich dabei zwar weitgehend mit denen, welche die unten eingehend behandelten, ortsunabhängigen Zeichendeuter anwendeten (und die daher hier nicht im Detail erläutert sind). Die Besonderheit der festen Orakelstätten lag aber eben darin, dass die jeweilige prophetische Disziplin dort dauerhaft ausgeübt wurde und aufgrund von langen, festen Traditionen ein besonderes Renommee erreichen konnte.

Denn auch wenn die politische und gesellschaftliche Bedeutung der Heiligtümer mit deduktiver Mantik nicht an jene der inspirierten Spruchorakel heranreichte, war zumindest ihr kultisch-religiöses Ansehen teilweise immens. So wurde diese deutende Kunst insbesondere auch an jener Stätte praktiziert, die den Ehrenrang des ältesten griechischen Orakels einnahm: Das dem Zeus geweihte Heiligtum in Dodona mit seinem uralten Ritual, aus dem Windrauschen einer heiligen Eiche die Zukunft zu erkennen.

Er sagte, Odysseus sei nach Dodona gegangen, um dort aus der Eiche des Gottes mit ihrem hohen Wipfel den Ratschluss des Zeus zu erfahren, wie er wohl nach Ithaka, seiner blühenden Heimat, zurückkehren könne.

Homer, Odyssee XIV 327–329

Die Kriterien dieser einzigartigen Methode zur Zukunftsdeutung sind leider nicht überliefert. Doch lässt sich erkennen, dass die möglichen Befunde weitestgehend standardisiert gewesen sind. Denn je nach aktueller Beobachtung wurden kleine, bereits vorbereitete Täfelchen mit Antworttexten an die Fragesteller ausgegeben.

In Dodona wurde allerdings nicht nur das Rauschen der Eiche gedeutet, sondern auch das Flugverhalten und die Rufe der dort ebenfalls heiligen Tauben. Die Vogelschau ist u. a. auch für die thebanische Akropolis überliefert, wo sie schon der mythische Seher Teiresias ausgeübt haben soll.

Auf der Akropolis von Theben liegt der sogenannte Vogelschauplatz des Teiresias.

Pausanias, Periegesis IX 16,1

Eine andere Tierart betrachtete man am Apollon-Orakel im lykischen Küstenort Dinos: Fische. Dazu spießte man Fleischstücke auf Holzstöcke und legte diese ins Meerwasser. Ein Kultdiener beobachtete, welche Fischarten zu den Spießen geschwommen kamen, und berichtete das einem Orakelpriester. Dieser verkündete anschließend die Zukunft anhand der jeweiligen Arten und der Kombinationen, in denen sie sich eingefunden hatten.

Gewässer nutzte man auch an anderen Orten zur mantischen Zeichendeutung, wobei allerdings meist Quellen im Mittelpunkt standen: In Patrai z. B. befand sich am Heiligtum der Demeter ein solches Orakel, das auf Kranke spezialisiert war – allerdings beherrschte es nur zwei Antworten:

Ein Spiegel wird an einem dünnen Faden hinabgelassen. Dieser Faden ist so bemessen, dass der Spiegel das Wasser der Quelle nur gerade eben mit seinem Rand berührt. Dann betet man zu der Göttin, bringt Weihrauchopfer dar und blickt in den Spiegel. Der zeigt den Kranken nun entweder als Lebenden oder bereits als Toten. Und darin liegt die Wahrsagekraft dieses Gewässers.

Pausanias, Periegesis VII 21,12

Was mögliche medizinische Hinweise für die Genesung betraf, musste man sich also – sofern es bei der Beratung durch ein Orakel bleiben sollte – beispielsweise in ein Asklepios-Heiligtum mit Heilträumen begeben.

Ein Wasserorakel mit weit vielfältigerem Potenzial befand sich hingegen im lykischen Kyaneiai: Eine lokale Quelle konnte angeblich – insofern vergleichbar der Kugel moderner Wahrsagerinnen – alle Dinge anzeigen, für die ein Fragesteller sich interessierte. In abgeschwächter Form ist diese Eigenschaft auch für eine Quelle am Tainaron belegt: Wie in einem Fernglas habe man dort jeden Hafen und jedes Schiff der Welt betrachten können. Der Legende nach soll das Orakel jedoch seine Kraft verloren haben, nachdem eine Frau darin Kleider gewaschen hätte: Die gebotene kultische Reinheit einer solchen Quelle wird in der erzählerischen Tradition also mit dem geradezu lehrreichen Versiegen eines »beschmutzten« Orakels unterstrichen.

Lagen die zuletzt genannten Stätten eher an der Peripherie der griechischen Welt, war die Zeichendeutung durchaus auch in deren großen Zentren beheimatet: In Olympia, der neben Delphi dominierenden panhellenischen Kultstätte, besaß Zeus nicht nur sein prächtigstes Heiligtum, sondern auch ein berühmtes Flammenorakel. Alteingesessene Priestergeschlechter nahmen hier die seherischen Aufgaben wahr. Sie deuteten den Willen des Zeus danach, wie sich das Feuer beim Verbrennen der dargebrachten Opfer entwickelte:

O Mutter goldbekränzter Wettkämpfe, Olympia!
Herrin der Wahrheit, wo weissagende Männer
Brandopfer deuten und vom silberblitzenden
Zeus zu erfahren versuchen,
ob er einen Spruch über jene Männer verkündet,
die in ihrem Mut danach streben,

große Leistungen zu erringen,
ein Aufatmen von den Mühen.
Pindar, Olympionikais VIII 1

Fragen von Athleten waren übrigens nicht nur an diesem Heiligtum und nicht nur vor den Olympischen Spielen üblich. Vielmehr stellten sie einen der klassischen Anlässe dar, sich an ein Orakel zu wenden – ohne dass Letztere sich dabei wie im Fall von Olympia unbedingt nahe der betreffenden Kampfstätten befinden mussten.

Die populären Orakelstätten – ein kommerzieller Erfolg

Die Befragung eines Orakels war keineswegs kostenlos. Im Gegenteil entwickelten sich aus anfänglich kultbezogenen Opfergaben gerade an den beliebteren Heiligtümern regelrechte Preislisten. Zudem mussten alle kultisch vorgeschriebenen Opfer prinzipiell durch den Fragesteller selbst finanziert werden. Und neben den Kosten für die eigentliche Orakelerteilung etablierten sich Sondergebühren für verschiedenste Prozeduren, die einen günstigen Götterspruch hervorrufen sollten. Insbesondere die Atelie – die Freiheit von den Opferabgaben – erweist sich dabei als dehnbarer Begriff: Sie konnte nämlich auf einzelne Kostenpositionen beschränkt werden, sodass mancher Ratsuchende trotz dieses Privilegs den Großteil aller Aufwendungen erbringen musste.

Alle entsprechenden Gelder nahm die Priesterschaft ein und verwendete sie in Abstimmung mit der Polis – der Oberaufsicht über das jeweilige Orakel – für den Kultbetrieb und das Heiligtum.

Aber auch die Anlieger eines Orakels konnten finanziell profitieren: Ein intensiver Devotionalienhandel kam auf und Dienstleister suchten die Alleinreisenden oder Delegationen mit allem Notwendigen bzw. Gewünschten zu versorgen.

Im Falle Delphis blühte sogar die ganze Region dank der Popularität des Orakels auf: Die Infrastruktur verbesserte sich, Nachbarorte prosperierten und selbst neue Heiligtümer siedelten sich an.

Was die Preise für eine Orakelerteilung betrifft, so symbolisierten die jeweiligen Geldzahlungen bestimmte Naturalabgaben, die in der Frühzeit des jeweiligen Heiligtums zu entrichten waren. Dementsprechend hieß die Orakelgebühr z. B. in Delphi und Lebadeia zwar noch in klassischer und hellenistischer Zeit *pélanos,* »Opferkuchen«. Anders als einst war jedoch kein reales Backwerk mehr abzugeben, sondern der festgelegte Gegenwert in bar – und zwar bereits vor der Orakelerteilung.

Den Geldwert des Opferkuchens setzten manche Orakel einheitlich fest, bei anderen variierte er. In Lebadeia etwa entsprach der Opferkuchen lange Zeit unterschiedslos 10 Drachmen. Am Heiligtum von Delphi hingegen existierten zahllose Preisvarianten: Diese richteten sich im Wesentlichen danach, ob eine Privatperson oder eine offizielle Gesandtschaft das Orakel befragen wollte und aus welcher Heimatstadt der Fragende kam – bzw. wie deren politisches Verhältnis zu Delphi war. Preislich nicht unterschieden wurde allerdings die Art der Orakelbefragung: Spruchorakel und Bohnenorakel kosteten den Klienten dasselbe, denn beides galt als vollgültige Aussage Apollons. Die jeweiligen Preise für die einzelnen Kundengruppen wurden dann gut lesbar auf Inschriften in der Nähe des Apollon-Tempels ausgewiesen.

Eine auf ca. 360 v. Chr. datierbare Marmorstele gibt beispielsweise die Konditionen für Ratsuchende von der Insel Skiathos bekannt:

Für Bürger und Kolinisten von Skiathos gelten folgende Abmachungen zwischen Delphi und Skiathos: Sie erhalten Promantie und vollständige Atelie – abgesehen vom Opferkuchen. Als Opferkuchen müssen sie bei offiziellen Angaben einen Aigina-Stater, d. h. 12 Obolen, bezahlen, bei privaten Anfragen zwei Obolen.

Um das Orakel der beiden gerösteten Bohnen zu befragen, zahlt eine offizielle Gesandtschaft einen Aigina-Stater, ein Privatmann [an dieser Stelle liegt eine Textlücke vor].

Außerdem muss man dem Gott einen Ziegenbock von erlesener Schönheit opfern und die sonstigen rituell vorgeschriebenen Opfer darbringen.

Inschrift aus Delphi

Eine offizielle Gesandtschaft zahlte also im Vergleich zu einem Privatmann derselben Gemeinde den sechsfachen Preis. Dieses Verhältnis war jedoch nicht starr festgelegt. Etwa 40 Jahre zuvor heißt es in einer vergleichbaren Inschrift mit Blick auf die kleinasiatische Ortschaft Phaselis:

In dieser Höhe sollen die Bürger von Phaselis die Gebühr entrichten: sieben delphische Drachmen und zwei Obolen, d. h. insgesamt 44 Obolen, bei offiziellen Angelegenheiten, vier Obolen bei privaten Fragen.

Inschrift aus Delphi

Während die grundsätzliche Preisdifferenz zwischen beiden Inschriften auf unterschiedliche Verbindungen Delphis zu Phaselis bzw. Skiathos zurückgehen kann, zeigt die jüngere Inschrift in Form des weniger hohen Aufpreises für offizielle Anfragen möglicherweise bereits eine Reaktion auf die im 4. Jahrhundert v. Chr. sinkende Nachfrage nach staatspolitischen Orakeln.

Je nach Art des Kults kamen auf den Ratsuchenden weitere Kosten zu, die aus rituellen Gründen für eine Befragung des Orakels unbedingt erforderlich waren: Naturalien wie etwa Opfertiere, vorgeschriebene Speisen und anderes mehr schlugen finanziell zu Lasten der Klienten zu Buche. Auch diese Posten waren detailliert festgelegt. So konnte, wie erwähnt, ein Heiltraum in Oropos nur gelingen, wenn der Klient die Nacht auf dem Fell eines dafür geopferten Widders verbrachte. Und in Delphi galten erneut je nach Besuchergruppe andere, minutiös differenzierte Vorschriften: Die Einwohner von Skiathos z. B. waren verpflichtet, einen »Ziegenbock von ausgesuchter Schönheit« darzubringen.

Der Übergang zwischen diesen kultischen Kostenfaktoren und dem reinen Devotionalienhandel war fließend: In Oropos bot man den Klienten nach ihrem Orakelbesuch das Widderfell, auf dem sie die Nacht verbracht hatten, zum Kauf an: Wer es mitnehmen wollte, musste eine Gebühr an die Priester entrichten. Einen Privatmann kostete dieses Erinnerungsstück eine Obole, Gesandte im Staatsauftrag zahlten das Doppelte.

Doch nicht nur die Orakelbetreiber, d. h. die Priesterschaften, verfolgten rund um das eigentliche Orakel und den Kultbetrieb auch finanzielle Ziele. Vielmehr führte der besondere Ruf und die prächtige Ausgestaltung mancher Heiligtümer zu einem regelrechten Tourismuswesen, das sich zu einem eigenen, profanen Wirtschaftszweig entwickelte. Neben Unterbringung und Versorgung der Besucher boten v. a. in Delphi zahlreiche Dienstleister auch Führungen an, um Interessenten durch die ungeheure Anzahl der Sehenswürdigkeiten zu lotsen. Immerhin zählte man rings um das Apollon-Heiligtum noch im Jahr 55 n. Chr. über 3500 Kunstwerke. Entsprechend umfangreich und zeitaufwendig stellte sich eine Besichtigung Delphis dar – wobei die Führungen zum Leidwesen der Besucher nicht gerade als kurzweilig bezeichnet werden konnten:

Basilokles: Philinos, ihr habt den auswärtigen Besucher jetzt bis spät in den Abend bei den Statuen und Weihgeschenken herumgeführt.
Philinos: Ja, weil die Führer ihr vorbereitetes Programm abgespult und keine Rücksicht auf uns genommen haben – trotz vielfacher Bitten, sie mögen sich in ihren Vorträgen kurz fassen und nicht alle Inschriften einzeln vorlesen.

Plutarch, Moralia 400D

Mit Blick auf die – zumindest seitens der antiken Schriftsteller kolportierte – Qualität der Reiseführer ist übrigens aufschlussreich, dass diese nicht nur bestimmte Wünsche ihrer Kunden ignoriert haben sollen, sondern, wie Plutarch mehrfach schreibt, auch konkrete Fragen zu den einzelnen Sehenswürdigkeiten nur vage oder gar nicht zu beantworten wussten: Dank der starken Nachfrage hatten sich wohl auch Dienstleister mit nur geringen Fähigkeiten etablieren können. Im Falle Delphis bot die Vielzahl der Besucher, ihrer Wünsche und Bedürfnisse zudem nicht nur vor Ort zahlreiche Gelegenheiten, wirtschaftlich von diesem steten Andrang zu profitieren. Mit dem benachbarten Pylaia und der nahegelegenen Hafenstadt Krisa blühte die ganze umliegende Region auf:

Wie neben blühenden Bäumen neue austreiben, so hat sich auch Pylaia an der Seite von Delphi prächtig entwickelt und bezieht seine Kraft aus derselben Quelle. Denn aufgrund seines Überflusses an

Mitteln besitzt es jetzt ein prächtiges Stadtbild, geprägt von schönen Versammlungshäusern und Tempeln, wie sie der Ort in den letzten tausend Jahren nicht erworben hat.

Plutarch, Moralia 409A–B

Krisa, die einzige Hafenstadt der Region, ging jedoch zu weit bei dem Versuch, maximale wirtschaftliche Vorteile aus dem Orakelbetrieb zu ziehen. Die Stadt nutzte ihr Monopol insofern aus, als sie immense Abgaben von den einlaufenden Schiffen erhob. Das bedeutete zwar zunächst einen gewaltigen Profit. Weil dieser jedoch zu Lasten fast aller Besucher ging, die zum Großteil auf dem Seeweg anreisten, bestand langfristig die Gefahr, dass der permanente Andrang nach Delphi zum Erliegen kommen könnte. Deshalb schritt der Amphiktyonen-Rat der umliegenden Städte gegen die Hafenstadt ein.

Krisa wurde unter dem thessalischen Heerführer Eurylochos im Verlauf des sogenannten Krisa-Krieges zerstört. Der Grund dafür war folgender: Obwohl die Einwohner Krisas bereits aufgrund der Zölle wohlhabend geworden waren, die sie seit jeher auf Importe aus Sizilien und Italien erhoben, erlegten sie zudem all jenen hohe Steuern auf, die zum Besuch des Apollon-Tempels von Delphi anreisten. Diese Abgaben hatten sie aber im Widerspruch zu den Beschlüssen der Amphiktyonen erhoben.

Dasselbe geschah übrigens nochmals im Fall der Amphissier, die Krisa neu errichtet und sich dort angesiedelt hatten. Denn deren Art, mit Besuchern umzugehen, war noch schlimmer als die von Krisas ursprünglichen Bewohnern. Dementsprechend bestraften die Amphiktyonen auch die Amphissier in derselben Form und gaben das Land dem Gott zurück, d. h. sie unterstellten es der Verwaltung der Orakelpriester von Delphi.

Strabon, Geographie IX 3,4

Priester, Anwohner und teilweise ganze Regionen versuchten also, aus mantischen Heiligtümern einen auch profanen, meist finanziellen Nutzen zu ziehen. Doch noch eine weitere Gruppe erhoffte sich von Orakeln, jenseits von deren Kulten und mystischen Eigenschaften, nicht ohne Grund auch ganz weltliche Vorteile: die Klienten selbst. Denn Gebühren und Abgaben an ein Orakel konnten sich für beide Seiten auszahlen, indem sie zugleich als repräsentative Spenden des Stifters dienten und diesem hohe Anerkennung sicherten. Eine Möglichkeit dazu bestand in Geldgeschenken, die über die geforderten Gebühren hinausgingen: Wer z. B. am Orakel des Trophonios mehr als zehn Drachmen zahlte, wurde unter Nennung der Summe namentlich auf einer eigens dafür vorgesehenen Steintafel verewigt.

Vor allem aber dienten individuelle Weihegeschenke als Dankes- oder Ehrengaben für die jeweilige Gottheit zugleich auch der Repräsentation des Spenders. Die Orakelstätten von überregionaler Bedeutung, allen voran wiederum Delphi, bezogen einen großen Teil ihrer öffentlichen Pracht aus solche Zuwendungen. Und gerade in Delphi, diesem herausragenden internationalen Treffpunkt, war ein prominentes Weihegeschenk ein aufmerksamkeitsstarkes Signal, das automatisch an die gesamte damals bekannte Welt gesendet wurde.

Der Tempel von Delphi wurde in früheren Zeiten mit höchsten Ehren bedacht. Eindeutige Beweise dafür liefern die Schatzhäuser, die sowohl von ganzen Völkern als auch von einzelnen Machthabern errichtet worden sind. Darin deponierten sie nicht nur Geld, das sie der Gottheit geweiht hatten, sondern auch Werke der namhaftesten Künstler. Menschen von weit her sandten Geschenke oder errichteten Schatzhäuser, beispielsweise Kroisos und sein Vater Alyattes, aber auch in Italien und Sizilien siedelnde Griechen. Auf den Weih-

geschenken stehen heute noch die Inschriften, mit denen die Stifter ihre Namen verewigten, z. B. Gyges, Kroisos, die Sybariten, die Spineter an der Adria und immer so weiter.

Strabon, Geographie IX 3,4.7–8

Je nach Art der Geschenke ließen sich auch bestimmte Botschaften vermitteln. Sei es die reine Demonstration von Reichtum und Wohlstand durch ganze Schatzhäuser, wie sie Theben und Athen besaßen, oder z. B. die Erinnerung an militärische Siege. Diese konnte etwa durch das Aufstellen von sogenannten Siegespalmen erfolgen. Doch ein besonders prominentes Beispiel in dieser Hinsicht war die Gabe der griechischen Verbündeten nach ihrem endgültigen Sieg in den Perserkriegen 479 v. Chr. Die Griechen wandten zehn Prozent der gesamten Kriegsbeute – dieser Anteil war Brauch – für die Herstellung eines goldenen Dreifußes auf, der wiederum auf einer sechs Meter hohen, gewundenen Bronzesäule angebracht war, und stifteten die Gabe dem Orakel von Delphi.

Wie gewaltig das Renommee war, das ein Stifter in der Öffentlichkeit mittels solcher Weihgeschenke erlangen konnte, beleuchtet schlaglichtartig ein Bericht des Thukydides. Der griechische Historiker schildert den Versuch des späteren spartanischen Königs Pausanias, das gerade erwähnte gemeingriechische Weihgeschenk als seine eigene Gabe auszuweisen:

Pausanias hatte es aus eigenem Antrieb für gut befunden, den Dreifuß in Delphi, das panhellenische Weihgeschenk aus der Perserbeute, mit folgender Inschrift zu versehen:

»Pausanias, der Feldherr der Griechen, hat dieses Denkmal nach seinem Sieg über das Perserheer dem Gott Apollon zu Ehren errichten lassen.«

Diese Gravur hatten die Spartaner sofort im Anschluss wieder von dem Dreifuß gefeilt und stattdessen die Namen aller Städte eintragen lassen, die das Barbarenheer gemeinschaftlich geschlagen und das Weihgeschenk aufgestellt hatten.

Thukydides, Historiai I 132

Auch wenn aus fast allen Teilen der damals bekannten Welt Geschenke an den griechischen Orakeln eintrafen, und auch wenn die größte historisch belegte Einzelspende die oben beschriebene Stiftung des Kroisos gewesen ist, die dem lydischen König über Ruhm und Ansehen hinaus in Delphi zudem zahlreiche Sonderrechte wie etwa Atelie und Promantie eröffnete – den weitaus größten Teil aller Gaben machten seit jeher solche Geschenke aus dem griechischen Raum und vor allem aus dem hellenischen Mutterland selbst aus. Ein fester Begriff ist der daraus resultierende, geradezu sagenhafte Reichtum des delphischen Orakels übrigens schon bei Homer, der Achill folgende Worte in den Mund legt:

Nichts schätze ich so wie das Leben: weder all das, was das gut befestigte, reich bevölkerte Troja vormals besessen haben soll, im Frieden, ehe die Krieger der Achaier eintrafen –

noch all das, was die steinerne Schwelle des Bogenschützen Phoibos Apollon im felsigen Delphi umschließt.

Homer, Ilias IX 401–405

Orakel im Wortlaut: Die Pythia im O-Ton

Angesichts der hohen Bedeutung der Orakel für die Antike ist es eine reizvolle Frage, wie die mantischen Weissagungen im Wortlaut geklungen haben.

Tatsächlich sind einige historisch gesicherte Sprüche erhalten, die von einem breiten Themenspektrum zeugen. Zum Teil formulieren diese Orakel konkrete Ratschläge, meist jedoch geben sie lediglich gewisse Aspekte des göttlichen Rechts oder allgemeine Weisheiten zu bedenken und erfordern somit noch eine Deutung durch den Klienten oder die Priesterschaft des Heiligtums. Besonders rätselhafte, denkwürdige oder entlegene Orakelsprüche wurden bereits in der Antike immer wieder literarisch thematisiert.

Zudem bewahrten die mantischen Heiligtümer selbst eine Vielzahl der vor Ort ergangenen Sprüche in verschiedener Form auf: Manche Priesterschaften erstellten doppelte Abschriften der Orakel, um diese den Besuchern mitgeben zu können und zugleich für die Tempelverwaltung zu bewahren. Und nicht wenige Orakelsprüche wurden direkt am Kultort ausgestellt.

Vor langer Zeit hat Pan der Überlieferung nach in Lykosoura Orakel erteilt, wobei die Nymphe Erato seine Prophetin gewesen sein soll. Es sind auch noch Verse der Erato bekannt, die ich sogar selber gelesen habe.

Pausanias, Periegesis VIII 37,11

In Delphi war zudem eine Reihe allgemein gültiger Weisheiten inschriftlich verzeichnet, die man den Sieben Weisen zuschrieb. Zu diesen Sprüchen, die in jeder beliebigen Situation und bei der Lebensgestaltung insgesamt hilfreich sein konnten, zählten vor allem:

Erkenne dich selbst!

sowie

Nichts im Übermaß.

Was die Weissagungen selbst betrifft, so existierte in Delphi die Besonderheit, dass bestimmte Aussprüche der Pythia als fester Programmpunkt in den dortigen Besichtigungstouren zitiert wurden.

Die Reiseführer fingen wieder an, ihre Reden zu schwingen, und zitierten auch einen bestimmten Orakelspruch – ich glaube, es ging um die Herrschaft des Argiverkönigs Aigon.
Plutarch, Moralia 396C

Prägendstes Merkmal für das Genre der Weissagungen war in den Augen der antiken – und auch heutigen – Öffentlichkeit dabei vor allem die Rätselhaftigkeit bzw. Missverständlichkeit zahlreicher Antworten, die von Anspielungen und Verschlüsselungen geprägt ist. Herodot berichtet von einem solchen schwer verständlichen Spruch, den die Spartaner bei der Suche nach dem Grab des mythischen Agamemnonsohnes Orest erhielten:

Wo Tegea liegt, in Arkadiens ebener Landschaft,
dort wehen zwei Winde, von mächtigem Druck gezwungen,
erfolgt Schlag auf Schlag, liegt Leidendes auf Leidendem.
Da birgt die fruchtbare Erde den Sohn Agamemnons.
Herodot, Historiai I 67,4

Erst nach langem Suchen stellte sich für die Spartaner heraus, dass eine Schmiede im genannten Ort gemeint war.

Als Paradebeispiel eines missverständlichen Orakelspruchs mit staatspolitischem Bezug gilt indes die Antwort an den Lyderkönig Kroisos, als dieser nach den Konsequenzen eines Kriegszuges gegen die Perser gefragt hatte:

Kroisos gab seinen lydischen Gesandten den Auftrag, einzelne Orakel zu befragen, ob er gegen Persien zu Felde ziehen und ein Bundesgenossenheer für diesen Krieg versammeln solle. Nach ihrer Ankunft stellten die Lyder vor Ort zunächst Weihgeschenke auf und wandten sie sich dann mit folgenden Worten an die Orakel: »Kroisos, König der Lyder und vieler anderer Völker, sendet euch aus der Überzeugung heraus Geschenke, dass ihr die weltweit einzigen wahren Orakel seid. Er fragt euch jetzt, ob er gegen die Perser zu Felde ziehen und ein Bundesgenossenheer für diesen Krieg versammeln solle.« Das war der Wortlaut ihrer Frage.

Als Antwort verkündeten beide Orakel dasselbe: Wenn Kroisos gegen die Perser in den Krieg ziehe, werde er ein großes Reich zerstören. Des Weiteren rieten sie dem Lyderkönig, sich an den mächtigsten griechischen Staat zu wenden und ein Bündnis mit diesem zu schließen.

Nach Erhalt dieser Orakelsprüche war Kroisos sehr erfreut und fest davon überzeugt, das Reich des Perserkönigs Kyros zu unterwerfen. Erneut wandte er sich an das Orakel von Delphi, dessen besondere Zuverlässigkeit er erkannt hatte und das er daher im Übermaß um Rat fragte. Dieses Mal wollte er wissen, ob seine Herrschaft lange Bestand haben würde, und erhielt von der Pythia folgende Antwort:

»Erst wenn ein Maultier König der Perser wird, dann flüchte ohne zu zögern oder dich deiner Feigheit zu schämen.«

Kaum dass Kroisos diese Botschaft erhalten hatte, freute er sich über alle Maßen – war er doch sicher, dass kein Maultier jemals zum Herrscher der Perser werde. Deshalb meinte er, seine Macht nie verlieren zu können. Also erkundigte er sich eilends nach dem mächtigsten Staat Griechenlands, um das erwähnte Bündnis einzugehen, und bereitete den Kriegszug gegen Persien vor. Aber Kroisos hatte das Orakel missverstanden.

Herodot, Historiai I 53,2 ff.

Kroisos unterlag nämlich gegen Kyros, der seinerseits das Königreich Lydien unterwarf und in das Perserreich integrierte. Herodot schildert die anschließende Erklärung der Pythia, mit der sie die Korrektheit des Orakels begründet und zugleich eine Art Bedienungsanleitung für das richtige Verständnis künftiger Ratsprüche gibt:

»Apollon hatte Kroisos nur verkündet, ein großes Reich zu vernichten, wenn er gegen die Perser zu Felde ziehe. Der Lyderkönig wäre richtig beraten gewesen, nochmals Gesandte nach Delphi zu schicken und nachzufragen, ob Apollon das Reich des Kroisos oder jenes des Kyros gemeint habe. Weil er den Spruch aber missverstanden und nicht einmal nachgefragt hat, muss er die Schuld für alles Weitere bei sich selbst suchen.

Zudem hat Kroisos auch die andere Antwort falsch aufgefasst, in der ja das Maultier erwähnt wurde. Es ist doch offensichtlich, dass mit diesem Maultier Kyros gemeint war. Denn der Perserkönig stammt von verschiedenen Völkern ab, seine Mutter ist aber edler gewesen als sein Vater. Schließlich war sie die Tochter des Mederkönigs Astyages, Kyros' Vater aber ein Untertan der Meder.«

Herodot, Historiai I 91,3 ff.

Die wohl kritischste Phase seiner Entwicklung in historischer Zeit erlebte Griechenland während der persischen Invasion im Jahr 480/479 v. Chr. Im Bewusstsein der gefährlichen Lage sandten die Athener noch vor Ausbruch des Krieges eine Delegation nach Delphi, um zu erfahren, was für sie in der gegenwärtigen Situation das Beste sei. Die Antwort der Pythia fiel aber anders aus als erhofft:

»Was sitzt ihr noch hier, ihr Unseligen? Flieht bis ans Ende der Welt, fort aus euren Häusern, aus eurer runden Stadt, von eurem hohen Burgfelsen!

Unentrinnbar kommt furchtbares Verderben auf euch zu: Weder der Kopf noch die Beine, weder die Arme noch der Rumpf werden unversehrt bleiben. Denn alles ist dem Untergang geweiht. Feuersbrunst und Kriegswut halten auf syrischen Wagen Einzug und machen alles dem Erdboden gleich.

Doch nicht nur eure Akropolis, viele andere mehr werden sie zerstören, viele Tempel der Götter dem verheerenden Feuer anheimgeben, sodass die Unsterblichen schon jetzt vor Schweiß triefen, zittern und aus Furcht beben. Seht, dunkles Blut trieft von den Giebeln der Tempel und zeigt das kommende Unglück zweifelsfrei an. Fort aus diesem Heiligtum, bereitet euch auf euer Verderben vor!«

Herodot, Historiai VII 140,1

Die angesichts dieses Spruchs ratlosen Athener begaben sich, auf Anraten eines angesehenen Bürgers von Delphi, ein zweites Mal zum Orakel und formulierten ihr Anliegen nunmehr anders: Sie fragten den Gott nicht mehr danach, was geschehen werde, sondern baten ihn hilfesuchend um einen Rat, wie sie – auch wenn all das Verkündete eintrete – dennoch gegen die Perser bestehen könnten. Daraufhin verkündete die Pythia ihnen folgenden Ratspruch:

»Auch die Schutzherrin eurer Stadt, Pallas Athene, vermag Zeus nicht zu versöhnen, selbst wenn sie flehend zu ihm kommt, redegewandt und mit guten Gründen. Doch ich will euch einen anderen Ansatz nennen, so fest und verlässlich wie Stahl: Wenn die Feinde alles Übrige erobert haben, was sonst noch zu Athen gehört, selbst die Schluchten des heiligen Berges Kithairon, so gewährt der weitschauende Zeus der tritongeborenen Athene doch hölzerne Mauern, die unbezwingbar sind, euch und euren Kindern zum Vorteil.

Aber erwartet weder die Reitertruppen noch die Fußsoldaten geduldig auf dem Festland, sondern weicht vor dem drohenden Angriff zurück und lasst ihn hinter euch! Einst werdet ihr schließlich doch auf die Feinde treffen: Salamis, göttliche Insel, du vertilgst die Kinder der Frauen.«

Herodot, Historiai VII 141,2

Man schrieb auch diesen Spruch auf und brachte ihn nach Athen, wo es zu unterschiedlichen Deutungen kam. Die beiden Hauptmeinungen identifizierten die »hölzernen Mauern« entweder mit der Akropolis – auf der man sich demnach verschanzen solle – oder mit der von Themistokles seit Jahren aufgebauten Flotte Athens, die man weiter stärken und für eine Seeschlacht einsetzen solle. Es war schließlich Themistokles selbst, der die Bürgerschaft davon überzeugte, ganz auf die Flotte zu vertrauen. Und tatsächlich gelang es den Athenern und ihren Verbündeten, die Seestreitkräfte der Perser bei Salamis vernichtend zu schlagen, wenngleich die Plünderung Athens – wie von der Pythia korrekt vorhergesehen – nicht verhindert werden konnte. Dieser Seesieg jedoch bewirkte in Verbindung mit der erfolgreichen Landschlacht bei Plataiai im Jahr darauf den endgültigen Rückzug der Perser aus dem griechischen Mutterland.

Alltagsorakel für den Privatmann

Heutzutage stellen die Leute der Gottheit Fragen, die ein Abbild der gediegenen Bedingungen unserer Zeit sind. Überall herrschen ja Ruhe und Frieden: Weder gibt es Kriege noch Völkerwanderungen, weder Unruhe noch Tyrannei. Und es grassieren auch keine Seuchen oder Krankheiten, die in größerem Maße besondere Heilkräfte er-

forderlich machten. Wir stehen heute also keinen Schwierigkeiten gegenüber, die uns ratlos machen würden. Infolgedessen betreffen auch die Fragen, die man dem Orakel von Delphi stellt, banale Alltagsdinge wie »Soll ich eine Reise machen?« oder »Soll ich einen Kredit aufnehmen?«.

Plutarch, Moralia 408B–C

Plutarchs Beobachtung deckt sich mit dem archäologischen Befund. Denn solche Fragen aus dem privaten Bereich haben sich zu Tausenden auf sogenannten Orakeltäfelchen und Orakellosen gefunden – allerdings nicht nur aus Plutarchs Zeit, sondern seit der klassischen Epoche bis in die Spätantike.

Auf diesen meist sehr kleinen Täfelchen ist der Ratspruch einer Gottheit verzeichnet, oft in Kombination mit der zuvor gestellten Frage des Klienten. Die Anliegen bezogen sich – wie vor allem der wichtige Fundort Dodona gezeigt hat – auf alle denkbaren Aspekte des privaten und beruflichen Lebens. Sie betrafen die Entwicklung der eigenen Karriere, die richtige Vorbereitung auf Wettkämpfe, den Verlauf einer anstehenden Reise, das Geschlecht des noch ungeborenen Nachwuchses, Heilmittel für Krankheiten – und sogar die Frage, ob ein von dem Klienten selbst begangenes Verbrechen wohl unentdeckt bleiben würde.

Mindestens teilweise waren die Antworten dabei vorformuliert, wurden aber für jeden Fragesteller entsprechend seinem Anliegen individuell ausgewählt. Die Erfahrung der Orakelstätten mit den häufigsten Anliegen seiner Besucher machte es den Priestern recht leicht, für beliebte Fragen die entsprechenden Täfelchen im Voraus bereitzustellen. Doch etliche Antworten blieben sehr vage und waren insofern für jeden Ratsuchenden anwendbar. Dies gilt insbesondere für die lateinischen Orakellose, der einzigen einheimischen Form des Orakels auf der italischen Halbinsel: Das Medium zog ein beliebiges Los mit einer allgemein gehaltenen Inschrift, die dann als Orakel für den Klienten galt.

Du glaubst, was man redet. Aber das stimmt nicht. Sei nicht dumm!

Inschrift auf einem lateinischen Orakellos

Kapitel 3

Seher und Propheten – ortsunabhängige Deuter und Verkünder der Zukunft

Mantik ohne festen Sitz

Die Möglichkeit, anhand bestimmter Zeichen den Willen der Götter und damit den künftigen Verlauf der Dinge zu erkennen, war keineswegs auf bestimmte Orte begrenzt: Propheten und Seher konnten an den verschiedensten Stellen eine Eingebung erhalten, die Götter befragen und deren Zeichen deuten.

Diese Ansicht ist bereits ein fester Bestandteil des Mythos. So erinnert sich der Zyklop Polyphem, nachdem Odysseus ihm das Augenlicht genommen hat, an den entsprechenden Spruch eines wandernden Sehers:

»O weh, jetzt erfüllt sich mir die alte Weissagung! Ein bedeutender Seher war hierher gekommen, Telemos, der Sohn des Eurymos. Der hat mir das alles verkündet, wie es sich später erfüllen sollte – dass ich von den Händen des Odysseus meines Augenlichts beraubt würde.«

Homer, Odyssee IX 507 ff.

Schon im Mythos begegnen überdies nahezu alle Arten von Vorzeichen und Deutungspraktiken, die auch in historischer Zeit verbreitet waren. Die Kunst der mobilen Zeichendeutung erweist sich damit als fester Bestandteil der antiken Religionskultur. Auch wenn einzelne griechische Orakelstätten eine unvergleichliche, selbst überregional herausragende Bedeutung besaßen, waren Seher ohne Bindung an ein bestimmtes Gemeinwesen von der mythischen Zeit bis in die Spätantike die weitaus populäreren Vertreter mantischer Kunst – und speziell im römischen Kulturkreis weitgehend die einzigen.

Inspiration als Quelle ortsunabhängiger Prophetie

Auch außerhalb von Orakelstätten konnte ein Mensch nach allgemeiner antiker Ansicht von einer Gottheit inspiriert werden und mantische Aussagen treffen. Solche Verkündigungen erfolgten aber im Unterschied zu den Ratsprüchen an festen Heiligtümern fast immer spontan, d. h. nicht auf eine konkrete Anfrage hin, und oft in echter Ekstase. Die genaue Art und Weise einer solchen Inspiration ist allerdings auch für diese Form der Mantik in den Quellen weder näher dargestellt noch erklärt.

Anders als die historischen Personen der Pythia und vieler anderer Orakelmedien begegnen uns die Vertreter einer lokal ungebundenen Prophetie als entweder mythische oder zumindest halblegendäre Figuren, deren geschichtlicher Kern nicht mehr von späteren Ausschmückungen getrennt werden kann.

Dabei stechen zwei Gestalten heraus: Zum einen die mythische trojanische Königstochter Kassandra, die mit ihren stets wahnhaft vorgetragenen, ebenso düsteren wie rätselhaften Prophezeiungen über den Untergang der Stadt – sowie speziell dem Umstand, dass diesen niemand Glauben schenkte – zu einem festen Bestandteil des Mythos geworden ist. Überaus bekannt war zum anderen die Sybille mit ihren finsteren Ankündigungen verschiedenster Schreckensszenarien, von der die Überlieferung aber ein widersprüchliches Bild zeichnet: Während ursprünglich nur von einer einzigen, möglicherweise historischen Sybille die Rede ist, wurde der Begriff später zum Übernamen für Seherinnen an mehrere Orten, insbesondere in Marpessos, Erythrai, Samos und Rhodos, aber auch im griechisch besiedelten, süditalienischen Kyme. Die dortige Sybille soll auch die später für Rom bedeutsam gewordenen Sibyllinischen Weissagungen verfasst haben, von denen weiter unten noch die Rede sein wird. Die Figur der Sybille entspricht dabei immer dem Typus der rasenden Seherin, die sich von der menschlichen Gesellschaft entfremdet hat und sich ganz der göttlichen Inspiration hingibt.

Vom Gott getrieben, lässt die Sybille mit rasendem Mund Finsteres, Hässliches, Sprödes verlautbaren und durchdringt mit ihren Sprüchen die Jahrtausende.
Heraklit, Fragment 92 Diels

Solche Prophezeiungen, die in der Antike auch von anderen mantisch inspirierten Personen in Umlauf waren, enthielten nicht nur im Fall der Kassandra und der Sybille, sondern auch sonst vor allem Bedrohungen und Unglücksszenarien – allerdings regelmäßig so vage oder verrätselt formuliert, dass Plutarchs Gesprächspartner Boethos die Aussagekraft derartiger Weissagungen folgendermaßen kommentiert:

Solche Propheten von der Art einer Sybille verlieren sich im Strom der Zeit gleichwie in den Weiten des Ozeans, ohne eine Karte zur Orientierung zu besitzen. Denn die Propheten stoßen wahllos Wörter und Phrasen aus, mit denen sie Ereignisse und Vorfälle aller Art ansprechen. Doch auch wenn das ein oder andere davon aufgrund von Zufall und Wahrscheinlichkeit irgendwann einmal zwangsläufig eintreten muss, bleibt das Gesagte als solches nichtsdestoweniger eine Lüge.
Plutarch, Moralia 399A

Beispielhaft für die erhaltenen Prophezeiungen ist ein Fragment, das dem Bakis zugeschrieben wurde. Diese legendäre Gestalt galt als von Nymphen inspiriert und soll auch zahlreiche Orakel verkündet haben. Einer seiner Sprüche, den man nachträglich auf die Seeschlacht von Salamis bezog, illustriert die bei Plutarch beklagte Unspezifiziertheit des Inhalts:

Erz an Erz wird klirren, Ares die Fluten des Meeres blutrot färben. Dann bricht der Tag der Freiheit für Griechenland an, Herrscher Zeus, Sohn des Kronos! Nike, die hehre Göttin, bringt den Sieg.
Herodot, Historiai VIII 77

Zwischen Inspiration und Deduktion: Weissagungen erstellen, sammeln und deuten

Sowohl im Mythos als auch noch in der archaischen Zeit Griechenlands begegnen vielfach Seher, die nach landläufiger Meinung sowohl durch Inspiration als auch Zeichendeutung die Zukunft erkennen konnten. Der wohl berühmteste Vertreter dieser Art war, noch vor Kalchas, Manto oder Mopsos, der blinde Teiresias: Aus Theben stammend, ist er v. a. Bestandteil des dortigen Sagenkreises um Ödipus und Antigone, tritt aber auch in vielen weiteren Mythen in Erscheinung, etwa bei Herakles oder in der oben behandelten Episode der *Odyssee*.

Die traditionelle Anerkennung der göttlichen Inspiration bei solchen Sehern spiegelt sich darin wider, dass zahlreiche Orakel auf sie zurückgeführt wurden: In Orchomenos eines auf Teiresias, das Orakel von Klaros auf dessen Tochter Manto und eines im kilikischen Mallos wiederum auf deren Sohn Mopsos.

In der archaischen Zeit etablierte sich nochmals eine diesen Sehern vergleichbare Gruppe: die sogenannten Wundermänner, welche nach antiker Darstellung die Eigenschaften und Fertigkeiten von Naturphilosophen, Magiern und Sehern in sich vereinten. Wenngleich ihre Leistungen teilweise erfunden bzw. übersteigert dargestellt sind, handelt es sich bei diesen Wundermännern bereits um historische Persönlichkeiten. Zu ihnen zählten etwa Empedokles oder auch Epimenides, der Athen 596/595 v. Chr. durch die Deutung göttlicher Zeichen und mittels entsprechender magischer Handlungen von einer Pest befreit haben soll.

Neben den offiziell angelegten Sammlungen von Orakelsprüchen, wie sie in Athen und Sparta von speziellen Funktionären betreut wurden, kursierten spätestens ab dem 6. Jahrhundert v. Chr. ähnliche Zusammenstellungen auch unter dem Namen solcher Seher und Wundermänner. Diese Weissagungen spielten bis in die klassische Zeit hinein eine bedeutende Rolle, weil sie als Fundus göttlicher Weisheit galten. Daher wurden solche Orakelsammlungen immer wieder, insbesondere bei politischen Entscheidungen, zu Rate gezogen – und nicht selten instrumentalisiert. Weil die bereits bestehenden Orakel aber oftmals unspezifisch oder rätselhaft waren, wurde deren Deutung ihrerseits zu einem Zweig der Mantik.

Die Kontrolle über solche Orakelsammlungen war auch ein politischer Faktor. Denn durch die gezielte Veröffentlichung bestimmter Sprüche ließen sich Stimmungen in der Bevölkerung forcieren oder neue Mehrheiten schaffen. Und zu genau diesem Zweck hatten die Peisistratiden, die im späten 6. Jahrhundert v. Chr. als Tyrannen über Athen herrschten, eine gewaltige Orakelsammlung vereint. Deren ausschnittsweise Bekanntmachung diente den Peisistratiden insbesondere dazu, den politischen Einfluss von Sprüchen aus Delphi zu mindern, welche den eigenen Intentionen des Öfteren zuwiderliefen.

Auch im 5. Jahrhundert setzten die politischen Lager im mittlerweile zur Modell-Demokratie gewordenen Athen auf die Verbreitung nützlicher Orakelsprüche, vor allem in Krisenzeiten wie jenen des Peloponnesischen Krieges. Um solche Manipulationen der öffentlichen Meinung zu beenden, entschloss man sich in Athen um die anschließende Jahrhundertwende jedoch, alle Orakelsammlungen offiziell zu erfassen. Diese wurden allen Bürgern daraufhin an öffentlichen Plätzen vollständig zur Verfügung gestellt.

In Rom versuchte der Senat indes auf entgegengesetzte Weise, eine dort ab dem 3. Jahrhundert v. Chr. aufkommende »Orakel-Propaganda« zu verhindern: Mehrfach wurden alle im Umlauf befindlichen Orakelsammlungen, derer man habhaft werden konnte, beschlagnahmt und zu tausenden verbrannt. Solche Konfiskationen hatten ihren Schwerpunkt in Krisenzeiten, etwa während des Krieges gegen Hannibal, fanden aber gerade in der Kaiserzeit auch ohne spezifischen Anlass regelmäßig statt.

Nur wenige Spruchsammlungen galten den Römern – in deren religiöser Kultur Inspirationsorakel keine Tradition besaßen – überhaupt als bewahrenswert und wertvoll. Diese wiederum standen unter dem umso strikteren Schutz des Staates. Ausschließlich in Ausnahmesituationen und auf ausdrücklichen Senatsbeschluss hin durfte ein spezielles, ursprünglich nur zwei, später fünfzehn Mitglieder zählendes Priesterkollegium diese Schriften einsehen und seine Erkenntnisse anschließend lediglich dem Senat gegenüber bekanntgeben.

Zu diesen Orakelsammlungen zählten in erster Linie die sogenannten Sibyllinischen Bücher, die für Rom in religiöser und teils auch politischer Hinsicht große Bedeutung erlangt hatten.

Die alten Annalen überliefern uns Folgendes über die Sibyllinischen Bücher: Eine fremde, unbekannte Frau kam einst zu König Tarqui-

nius Superbus. Sie hatte neun Bücher bei sich, die ihrer Angabe nach göttliche Orakel enthielten. Diese wollte sie verkaufen. König Tarquinius erkundigte sich daraufhin bei ihr, für wie viel er die Bücher erwerben könne. Als die Frau nun einen gewaltigen Preis forderte, verspottete der König sie.

Da stellte die Alte direkt vor ihm einen kleinen Herd auf, entzündete das Feuer, verbrannte drei der neun Bücher und fragte den König, ob er nun die sechs übrig gebliebenen für denselben Preis kaufen wolle. Da lachte Tarquinius noch mehr und sagte der alten Frau, sie sei wohl nicht mehr ganz bei Verstand. Die Fremde verbrannte daraufhin sofort drei weitere Bücher und fragte ihn nochmals in aller Ruhe, ob er nicht wenigstens die drei verbliebenen Bücher zu dem ursprünglich aufgerufenen Preis kaufen wolle.

Nun wurde die Miene des Königs ernst, sein Geist nachdenklicher. Er spürte deutlich, dass eine so große Ruhe und Zuversicht auf etwas sehr Bedeutsamem gründen müsse. Er kaufte die verbliebenen drei Bücher daher zu demselben Preis, den die Frau eingangs für alle neun zusammen verlangt hatte. Die Fremde hat man später nie mehr gesehen. Die drei Bücher aber brachte man in ein Heiligtum und nannte sie die Sibyllinischen. Diese werden vom Priesterkollegium der Fünfzehnmänner zu Rate gezogen, wenn die unsterblichen Götter in öffentlichem Interesse befragt werden müssen.

Aulus Gellius, Noctes Atticae I 19

Als Aufbewahrungsort für diese und wenige andere Orakelsammlungen fungierte zunächst der Jupiter-Tempel auf dem Kapitol, ab dem 1. Jahrhundert v. Chr. der Tempel des Apollon auf dem Palatin.

Die Sybillinischen Bücher wurden im Apollon-Tempel aufbewahrt – aber nicht allein diese, sondern auch die sogenannten Carmina Marciana und die Sprüche der Nymphe Bigois, die aus

Etrurien stammt und dort die Lehre der Blitzdeutung niedergeschrieben hat.

Servius, ad Aeneidem VI 72

Seit der späten Republik sind Orakelsammlungen allerdings auch in Rom politisch weitestgehend bedeutungslos geworden, zumal die ursprünglichen Sybillinischen Bücher nach einem Brand im Jahr 83 v. Chr. verloren gegangen waren. Zwar kompilierte man noch eine neue Sammlung aus Sybillensprüchen, die man in Griechenland ausfindig machen konnte. Doch diese neuen Bücher wurden in der gesamten Kaiserzeit nur noch wenige Male befragt.

Kapitel 4

Seher, Auguren, Haruspizes: Die vielfältige Kunst der Zeichendeutung

Die deduktive Mantik und ihre Bedeutung

Anhand von bestimmten Zeichen den Willen der Götter zu erkennen, war Anspruch und Aufgabe der antiken Seher. Dafür zogen sie Ereignisse verschiedenster Art heran und deuteten diese als göttliche, mantische Hinweise mit Bezug auf aktuelle Begebenheiten oder auf Anfragen, welche die Seher zuvor eigens formuliert hatten.

Eine einheitliche oder offizielle Lehre existierte im Bereich der deduktiven Mantik ebenso wenig wie im Fall der Orakeltechniken. Vielmehr gliederte sich auch die Seherkunst in verschiedene Unterarten – etwa Auspizien, Haruspizien und Astrologie –, die jeweils nur von speziellen Fachleuten ausgeführt werden konnten.

Die Pontifices führen die Opferschau aus, die Auguren die Vogelschau.

Cicero, De divinatione I 122

Das Wissen der einzelnen Lehren wurde sowohl mündlich als auch in Form von umfangreichen Schriften tradiert, war dabei aber fast immer nur ausgewählten Personen zugänglich und wurde meist sogar ausschließlich innerhalb bestimmter Familien übermittelt. Einzelne dieser Sehergeschlechter waren aufgrund ihrer langen Tradition und erfolgreichen Tätigkeit auch überregional bekannt. Dazu zählten insbesondere die ursprünglich aus dem westgriechischen Elis stammenden Iamiden, Telliden und Klytiaden sowie schon seit mythischer Zeit diejenigen Zeichendeuter, welche sich auf Melampus zurückführten.

Da nahte sich ein Mann von weither, ein Seher, ein Spross vom Geschlecht des Melampus.
Homer, Odyssee XV 223 ff.

Seher spielten sowohl im öffentlichen Leben als auch im privaten Alltag eine außerordentlich große Rolle. Von staatlicher Seite wurde ihr Urteil vor allem bei der Vorbereitung und Durchführung von Feldzügen eingeholt und hoch geschätzt.

Die vernichtende Niederlage der Athener vor Syrakus ist wohl das bedeutendste Ereignis des Peloponnesischen Krieges, ja meines Erachtens sogar der gesamten griechischen Geschichte gewesen. Athen war auf ganzer Linie vollkommen besiegt worden und hatte seine Fußtruppen, seine Flotte, ja überhaupt alles verloren.

Als diese Nachricht aber Athen erreichte, wollten die Bürger sie lange Zeit gar nicht glauben – auch nicht, als die ersten Soldaten eintrafen, die dem Schlachtfeld entronnen waren und alles persönlich schildern konnten. Man wollte sich gar nicht vorstellen, dass die gesamte Macht derartig zerstört worden und untergegangen sei.

Als sich die Erkenntnis jedoch durchgesetzt hatte, kam unter der Bevölkerung heftige Wut gegen die Redner auf, die sich für die Expedition nach Sizilien ausgesprochen hatten, als hätten die Leute sie nicht selbst bei der Volksversammlung beschlossen. Und insbesondere zürnten die Bürger den Sehern, die ihnen mit Weissagungen und Orakelauslegungen Hoffnungen auf die Eroberung Siziliens gemacht hatten.
Thukydides, Historia VII 86 – VIII 1

Trotz solcher Erfahrungen befolgte man die Deutungen der Seher bis weit in die Kaiserzeit hinein, selbst wenn dies dem strategischen Sachverstand widersprach. Sich über ungünstige Deutungen einfach hinwegzusetzen, blieb die Ausnahme.

König Prusias von Bithynien vermied im Krieg gegen Pergamon einmal eine Schlacht, obwohl Hannibal, der bei ihm im Exil lebte, genau dazu geraten hatte. Als Grund führte Prusias an, dass die Eingeweide ungünstig seien. »Heißt das«, erwiderte Hannibal, »du traust einem Stückchen Kalbfleisch mehr als einem erfahrenen Strategen?«

Als der große Caesar während des Bürgerkriegs hingegen vom Opferbeschauer gewarnt wurde, er solle nicht vor der Wintersonnenwende nach Afrika übersetzen, befolgte er diesen Rat keineswegs. Denn dann hätten sich alle Truppen seiner Gegner an einem Ort zusammenschließen können.

Cicero, De divinatione II 52

Um solche Konflikte zwischen religiöser Verpflichtung und strategischer Erwägung möglichst von vornherein auszuschließen, bediente man sich vor allem im Römischen Reich einer geschickten Vorgehensweise: Der Senat ließ möglichst so lange Vorzeichen einholen, bis das Ergebnis günstig ausfiel. Allerdings folgten auch derartige Wiederholungen rituellen Formen und Regeln.

Die Deutung spontaner und erbetener Zeichen

Denkt man sich das Auftreten von Zeichen und deren Deutung als eine Art von Kommunikation zwischen Göttern und Sehern, so konnte dieser »Dialog« nach antiker Vorstellung stets von jeder der beiden Seiten initiiert werden.

Seher beobachteten und interpretierten zum einen besondere Vorkommnisse, die von alleine eintraten und in irgendeiner Form die menschliche Aufmerksamkeit hervorriefen. Dazu zählten insbesondere meteorologische Naturphänomene sowie Erdbeben, Überschwemmungen und Tierplagen, aber auch Missbildungen und sogar Affekthandlungen von Menschen. Denn das Zustandekommen all dieser Dinge schrieb man den Göttern zu, die darin ihren Willen bekunden würden. So galt selbst das Niesen als Vorzeichen:

»Wenn doch Odysseus käme und sein Vaterland erreichte! Dann dürfte er gemeinsam mit seinem Sohn Telemach die Schlechtigkeit meiner Freier wohl unverzüglich bestrafen.«

Als Penelope das gesagt hatte, musste Telemach so laut niesen, dass das Gebäude ringsum davon dröhnend widerhallte. Da lachte seine Mutter und sagte zu Eumaios sogleich die geflügelten Worte: »Hast du gehört, mein Sohn hat all meine Worte beniest! Also muss den Freiern wirklich der Tod bevorstehen.«

Homer, Odyssee XVII 541 ff.

Zum anderen deuteten Seher auch Zeichen, nach denen sie bewusst Ausschau hielten oder die sie sogar erst mit Hilfe bestimmter Handlungen erbitten mussten – etwa durch das Darbringen von Opfern. Weil der Dialog in diesem Fall von den Sehern ausging, boten Zeichen dieser Art die Möglichkeit, die Götter vorher zu einem bestimmten Thema zu befragen und den Befund anschließend explizit auf dieses Thema zu beziehen. Doch auch ohne eine solche Eingrenzung wurden in der Antike sehr detaillierte Aussagen über zukünftige Ereignisse aus den Innereien von Tieropfern abgeleitet.

Die Opferschau: Zeichendeutung aus Tieropfern

Die systematische Weissagung anhand verschiedener Vorgänge und Befunde bei einem rituell durchgeführten Tieropfer lässt sich in drei Teilbereiche gliedern.

Zunächst wurde ein geeignetes Lebewesen ausgewählt, das durch seine Eigenschaften und sein Verhalten – auch noch während des Sterbens – die Gültigkeit des gesamten Opfervorgangs gewährleisten musste. Danach erfolgte die sogenannte Extispizin, d.h. die mantische Deutung der Eingeweide. Als Drittes interpretierte man fakultativ auch die Flammen- und Rauchbildung beim Verbrennen der Innereien bzw. des gesamten Tieres.

Was die Art der Opfertiere betrifft, so galten im Grunde alle essbaren Spezies als geeignet. Allerdings bestanden durchaus regionale Vorlieben. Erhaltene Lebermodelle z.B. aus Volterra weisen Schafe als besonders populäre Opfertiere bei den Etruskern aus. In Griechenland diente daneben auch die Ziege häufig zur Eingeweideschau. Die Römer hingegen konzentrierten sich gerade bei bedeutenden Anliegen vornehmlich auf Rinder und Kälber. Cicero verdeutlicht indes die zeitgenössische Spannbreite möglicher Tierarten, indem er zwei Größenextreme anführt, nämlich »die Gallenblase eines Huhns (manche behaupten ja, dieses Organ sei besonders aussagekräftig) und die Leber eines prächtigen Stiers.« (Cicero, *De divinatione* II 29)

Ein Opfertier gleich welcher Art musste allerdings immer gewisse äußere Voraussetzungen erfüllen. Vor allem sollte es frei von Makeln und unbedingt gesund sein:

Nur aus gesunden Opfertieren kann die Zukunft erschlossen werden.

Servius, ad Georgicam III 491

Doch nicht nur in seiner Konstitution, auch in seinem Verhalten vor und während der Opferprozedur musste das ausgewählte Tier bestimmte Anforderungen erfüllen. Denn erst dadurch galt das Opfer als göttlich legitimiert.

Positive Signale des Tieres bestanden etwa darin, dass es seinen Kopf senkte und sich gleichsam dem Opfer hingab oder dass es zuckte, was als eine Art Nicken und damit als Zustimmung gedeutet wurde. Welcher Hilfen man sich bediente, um solche Reaktionen zur Not künstlich herbeizuführen, wurde oben bereits behandelt.

Der Gott lehnt das Opfer ab, wenn das Tier entweder vom Altar entkommt oder beim ersten Messerstich ein furchtbares Stöhnen ertönen lässt oder mit seinem Körper anders fällt, als wünschenswert gewesen wäre.

Paulus Diaconus, Festus CCXLIV

Die eigentliche Interpretation der Innereien variierte je nach überlieferter Lehre in vielen Details, unterschied sich aber insbesondere darin, wie detailliert die Deutung der Eingeweide ausfiel.

Das römische Ritual kannte im Grunde nur zwei Befunde: Zustimmung oder Ablehnung. Vor der Opferschau richteten die zuständigen Priester daher – wie oben erwähnt – eine präzise Alternativfrage an einen bestimmten Gott. Der entweder als vorteilhaft oder als ungünstig angesehene Zustand der Eigenweide galt dann als göttliche Antwort auf genau dieses Anliegen. Je nach Fragestellung konnten somit sehr spezifische mantische Aussagen gewonnen werden – allerdings eben nur in Bezug auf einen einzigen Aspekt der Zukunft. Das bedeutete eine erhebliche Einschränkung, die auch von Seiten der Römer als solche empfunden wurde. Deshalb wandten sich ihre Magistrate, insbesondere die Feldherren und Staatsmänner wie Sulla oder Caesar, bei wichtigen Fragen fast immer an etruskische Haruspizes. Deren Opferschau bot nämlich vielseitigere und zugleich detailliertere Vorhersagen über den Verlauf der Zukunft an.

Die griechische Extispizin wiederum erfolgte wahlweise mit oder ohne die vorherige Festlegung auf eine bestimmte Frage. So schildern zahlreiche Quellen die Verwendung der Eingeweideschau, um mit göttlicher Hilfe die richtige Wahl zwischen klaren Alternativen zu treffen.

Xenophon opferte Zeus, dem König, zwei Opfertiere mit der Frage, ob es vorteilhafter und besser für ihn sei, bei König Seuthes zu bleiben oder mit dem Heer weiterzuziehen. Da zeigte der Befund, dass er besser weiterziehen solle.

Xenophon, Anabasis VII 6,44

Nach landläufiger hellenischer Überzeugung ermöglichte es die Untersuchung der Eingeweide jedoch auch, die Zukunft insgesamt vorherzusagen. Bestimmte Glück verheißende Befunde waren jedermann bekannt:

Als Alexander von den Sehern erfuhr, dass die Opfer günstig ausgefallen waren, ließ er die Opfer herumtragen und sie den Soldaten zeigen.

Polyainos, Strategika IV 3,14

Die Untersuchung der Innereien

Im Kern beruhte die mantische Deutung des Organbefunds auf Analogien unterschiedlichster Art. Sollte z.B. das Schicksal eines Menschen mantisch bestimmt werden, verwiesen kranke oder unterentwickelte Innereien des Opfertieres auf einen entsprechend schlechten Zustand des fraglichen Schicksals – und damit auf kommendes Unglück. Ein besonders prächtig entwickeltes Organ hingegen bedeutete eine blühende bzw. wohlhabende Zukunft.

Diese Prinzipien wurden von dem jeweiligen Seher bei der genauen Erstellung des Befundes weiter ausdifferenziert: Erwies sich ein Organ z. B. als doppelt so groß wie üblich, konnte er dies als eine anstehende Verdopplung von Macht oder Vermögen interpretieren.

Als Sulla siegreich heimkehrte, deutete der Haruspex seines Vertrauens ihm eine kranzähnliche Bildung um die Spitze des Leberkopfes – d. h. um den pyramidenförmigen Teil der Leber – als Siegeskranz um sein Haupt.

Plutarch, Sulla XXVII 6

Entscheidend für die Deutungskunst war also nicht zuletzt, unter welchem genauen Aspekt der Seher eine Analogie zwischen dem Befund der Eingeweide und dem Schicksal eines Menschen oder, allgemeiner gesagt, dem Verlauf der Zukunft herstellte.

Die Interpretationsfreiheit des Zeichendeuters war jedoch begrenzt: Gerade die Disziplin der Haruspizes, die in vielen Details der griechischen Seherkunst entsprach, unterteilte alle Innereien sehr präzise und legte für zahllose Befunde exakte Aussagen fest – die Bronzeleber von Piacenza illustriert dies mit ihrer Unterteilung in vierzig verschiedene Abschnitte.

Die Leber war deshalb von zentraler mantischer Aussagekraft, weil sie in der Antike als Sitz der Lebenskraft galt. Und zumindest in Etrurien und Latium wurde ursprünglich sogar ausschließlich dieses Organ mantisch gedeutet. Erst in späterer Zeit zog man auch andere Innereien hinzu: Das Herz etwa untersuchten Haruspizes laut Plinius d. Ä. erstmals im Jahr 274 v. Chr. Zum klassischen Kanon der untersuchten Organe zählten in späterer Zeit zudem Lungen, Nieren, Magen und Milz.

Die Kriterien der Befunde glichen sich bei den verschiedenen Organen, allerdings waren die Regeln für die Deutung der Leber und der angrenzenden Gallenblase – die ihrerseits in mehrere Regionen unterteilt war – besonders ausdifferenziert.

Ein Randbereich und meist nur ergänzend praktizierter Teil der Opferschau bezog sich schließlich darauf, in welcher Form die Eingeweide der Opfertiere verbrannten. Die wenigen überlieferten Kriterien galten vor allem der Flammen- und Rauchentwicklung, deren Farbe, Form und Richtung der jeweilige Seher deuten konnte.

Idmon freute sich beim Opfer über den Feuerschein, der nach allen Richtungen aufleuchtete, und über den Rauch, wie er in rötlichen Windungen aufstieg und gutes Schicksal verkündete.

Apollonios Rhodios, Argonautika I 436 ff.

Die Vogelschau: Auspizien, Auguren und ihre Deutungen

Auspizien und Auguren sind als Begriffe der antiken Zeichendeutung auch heute noch in aller Munde. Die lateinische Bezeichnung auspicium leitet sich dabei von auis »Vogel« und spicere »betrachten« her, bezeichnet also die Vogelschau seitens der dafür zuständigen Seher, der Auguren.

Die Auspizien waren jedoch keineswegs eine nur römische Disziplin. Im Gegenteil wurde die Vogelschau in der gesamten antiken Welt betrieben. Von der langen Tradition dieser Kunst in Griechenland zeugt die erwähnte thebanische Vogelwarte des Teiresias ebenso wie z. B. der mythische Seher Kalchas, der ein fester Bestandteil des trojanischen Mythenkreises war.

Da erhob sich unter ihnen Kalchas, Sohn des Thestor, der überragende Vogeldeuter, der Gegenwart, Zukunft und Vergangenheit kennt.

Homer, Ilias I 72

Die griechischen, etruskischen und römischen Auspizien waren sich in ihren Grundzügen ähnlich. Während manche Vögel schon durch ihr bloßes Erscheinen eine bestimmte Botschaft verkündeten, etwa die überall als Unglücksvogel verstandenen Eulen und Spechte, erkannte man den Willen der Götter in den meisten Fällen erst anhand des genauen Verhaltens der jeweiligen Tiere. Während die Blickrichtung der Betrachter dabei überall einheitlich nach Süden ausgerichtet war, galten in Griechenland die von rechts, in Latium und Etrurien hingegen die von links kommenden Vögel als grundsätzlich positives Signal. Mit ihrem genauen Flugverhalten und ihren Schreien lieferten die Tiere dann weitere mantische Zeichen, wobei besonders Adler, daneben aber auch unterschiedlichste sonstige Vogelarten beobachtet wurden.

Wir hegen den Glauben, dass eine Gottheit die Rufe von Reihern, Zaunkönigen und Raben einsetzt, um uns Zeichen zu senden: Sie sind Boten, ja geradezu Herolde der Götter.

Putarch, Moralia 405D–E

Die Eule wird als Unheilsbringer überaus verabscheut, vor allem bei offiziellen Auspizien. Denn sie ist nicht nur ein unheilvolles Omen, sondern ein wirklich furchtbares Schreckenszeichen.

Plinius d. Ä., Naturalis historia X 34 f.

Bei den römischen Auguren unterlag die Kunst der Auspizien allerdings der gleichen grundsätzlichen Einschränkung wie die einheimische Opferschau: Sie holte immer nur eine Zustimmung oder Ablehnung der Götter mit Blick auf eine zuvor formulierte Frage ein. Zudem berücksichtigten die Auspizien der Römer nur bestimmte Vogelarten, die sogenannten Auguralvögel.

Die Vogelschauer im Ausland deuten fast alle Arten von Vögeln, wir hingegen nur wenige.

Cicero, De divinatione II 76

Anders als die Opferpriester konnten die Auguren in Rom ihre traditionelle Rolle in der Vorzeichenschau jedoch behaupten und holten vor allen staatsrelevanten Handlungen die Auspizien ein. Die Magistrate suchten zwar des Öfteren den zusätzlichen Rat der Haruspizes, deren Seherkunst auch in dieser Disziplin weitaus detaillierter war – zumal die Etrusker den Himmel in 16 einzelne Abschnitte unterteilten und ihre Beobachtungen daher stärker differenzieren konnten. Dennoch hielt sich die Dominanz der einheimischen Auguren bei der Vogelschau, und das nicht zuletzt aufgrund einer besonders vorteilhaften Eigenheit der römischen Lehre: Die Auguren beobachteten nämlich nicht nur das Verhalten der Vögel in freier Wildbahn, sondern ließen auch sogenannte heilige Hühner züchten und deuteten deren instinkthafte Handlungen. Damit stand ihnen exklusiv ein Auspizium zur Verfügung, das jederzeit unverzüglich befragt werden konnte und gerade bei dringenden Anliegen unverzichtbar war. Im Vordergrund dieses sogenannten Tripudiums stand die Weissagung anhand der beobachteten Futteraufnahme: Je begieriger die Hühner fraßen, nachdem die Auguren in traditioneller Weise eine Alternativfrage formuliert hatten, umso größer fiel gemäß mantischer Lehre die Zustimmung der jeweils angesprochenen Gottheit aus. Das beste Zeichen lag dann vor, wenn die Tiere so hastig pickten, dass ihnen die Körner wieder aus dem Schnabel fielen.

Die Blitzlehre: Deutung eines Naturphänomens

Die griechische und römische Weissagung aus Blitzen hatte sich nur zu recht begrenzten Deutungssystemen entwickelt: In Griechenland interpretierte man Blitze aus heiterem Himmel als positives Zeichen, in Rom hingegen als unheilvolles Omen, das viele wichtige Abläufe zunächst unmöglich machte, seien es religiöse – etwa das Einholen weitere Auspizien – oder politische:

Wenn Jupiter donnert und blitzt, verstößt es gegen göttliches Recht, eine Volksversammlung abzuhalten.
Cicero, De divinatione II 42

Zudem galt den Auguren bei einer sogenannten Blitzbefragung, vergleichbar den Kriterien der Vogelschau, ein aus östlicher Richtung kommender Lichtbogen als göttliche Zustimmung, ein westlicher hingegen als Ablehnung. Je weiter nördlich der jeweilige Ausgangspunkt lag, als desto nachdrücklicher deuteten die römischen Seher die göttliche Botschaft des Blitzes, der ihrer Lehre zufolge stets nur von Jupiter gesandt wurde.

Eine demgegenüber weitaus detailliertere Lehre besaßen wiederum die etruskischen Haruspizes: Sie beobachteten und deuteten in sehr differenzierter Form die Umstände, unter denen ein Blitz erschien, seine Herkunft und Richtung, die Art seines Leuchtens (rot glühend, weiß gleißend oder blass schimmernd), die Wirkung eines eventuellen Einschlags sowie den begleitenden Donner. Für eine möglichst präzise Interpretation wiesen die Haruspizes unter anderem jede der oben erwähnten 16 Himmelsregionen einem der neun Blitze sendenden Götter zu. Dessen jeweilige Attribute und Eigenschaften bezogen die etruskischen Seher in ihre Deutung ein und verfeinerten so die Aussage, die sie einem aus dem entsprechenden Bereich stammenden Blitz zuwiesen.

Den Himmel in 16 Abschnitte aufgeteilt haben nur die Etrusker.
Cicero, De divinatione II 42

Auch dieser Bereich der etruskischen Mantik war in Rom sehr gefragt. Vor allem bei Blitzschlägen, die zwar traditionell als bedeutsame Unheilszeichen aufgefasst wurden, von den einheimischen Sehern aber nicht näher gedeutet werden konnten, zog man die Haruspizes hinzu. Deren Befragung verordnete noch im Jahr 320 n. Chr. Kaiser Konstantin d. Gr. für solche Fälle, in denen Blitzschläge öffentliche Gebäude Roms beschädigt hatten. Die Haruspizes deuteten den Willen der Götter dabei mit Hilfe verschiedenster Analogien zu den getroffenen Gegenständen:

Nicht lange bevor Kaiser Augustus starb, wurde unter seinem Standbild auf dem Capitol der erste Buchstabe des Wortes »Caesar« durch einen Blitzschlag zerstört. Weil »C« aber das Zahlzeichen für Hundert ist und »aesar« auf etruskisch »Gott« bedeutet, sag-

ten die Haruspizes voraus, dass Augustus nach hundert Tagen sterben und somit zu einem Gott werden würde.
Sueton, Vitae Caesarum, Augustus 97

Nach allgemeinem zeitgenössischen Verständnis taten Blitzeinschläge zwar den Unmut der Götter kund, doch meinte man, diesen Zorn in den meisten Fällen durch bestimmte Rituale besänftigen zu können – oder zumindest dessen Auswirkungen hinauszuzögern.

Blitzschläge künden entweder vermeidbare oder unvermeidbare Übel an.
Seneca, Naturales quaestiones II 50,2

Als »prorogativ« bezeichnet man ungünstige Blitzschläge, deren Verwirklichung sich aufschieben, aber nicht verhindern lässt. Bei Zeichen mit privatem Bezug ist das bis zu zehn Jahre möglich, bei öffentlich eingeholten Vorzeichen sogar bis zu dreißig Jahre.
Seneca, Naturales quaestiones II 47 f.

Neben den Blitzschlägen gab es weitere machtvolle Naturereignisse, deren Zustandekommen man den Göttern zuschrieb, z. B. Erdbeben, Überschwemmungen und Unwetter. Während man diese Vorkommnisse in Griechenland nur sehr selten und ohne festes System für die Zeichendeutung heranzog, fassten die Römer solche Ereignisse immer als bedeutsamen Ausdruck des Götterzorns auf. Diese sogenannten Prodigien konnten die Auguren mit ihren traditionellen mantischen Methoden jedoch nicht näher deuten.

Daher konsultierte man in Rom auf Anordnung des Senats entweder staatlich anerkannte Orakelsammlungen wie die Sibyllinischen Bücher und hoffte, das jeweilige Prodigium unter den zahlreich geschilderten Ankündigungen zu identifizieren und aus den näheren schriftlichen Ausführungen eine entsprechende, hilfreiche Sühnemaßnahme ableiten zu können. Oder man wandte sich, wie so oft, an etruskische Seher. Diese Variante setzte sich seit dem 2. Punischen Krieg zunehmend durch und war seit der späten Republik im Grunde alternativlos. Der Senat ließ die Haruspizes in solchen Fällen offizielle Gutachten erstellen, die das Prodigium umfassend deuteten: Sie nannten jeweils die Gottheit, die das Zeichen gesendet habe, den Grund ihres Zorns sowie die Auswirkungen, die dieser Unmut – ohne entsprechend empfohlene Sühnung – nach sich ziehen würde. Auch für diese Weissagungen nutzten die etruskischen Seher vor allem Analogieschlüsse: Erdbeben etwa verkündeten dem Staat ihrer Lehre nach »Erschütterungen« aller Art, während z. B. bei heftigen Stürmen die davon beschädigten oder umgeworfenen Objekte gewissermaßen von selbst die Deutung anzeigten – ganz so wie das erwähnte Augustusdenkmal.

Astronomie und Astrologie

Die mantische Deutung der Himmelskörper und ihrer Phänomene ist im griechisch-römischen Kulturkreis ein recht junges Phänomen: Noch während der frühen archaischen Zeit hatten die Griechen nur vereinzelte Vorstellungen von astrologischen Prognosen. So hielt man etwa Meteore für ungünstige Zeichen:

In Sparta wählen die Ephoren jedes neunte Jahr eine klare und mondlose Nacht aus, in der sie sich in stiller Runde niedersetzen und den Himmel beobachten. Wenn sie dann eine Sternschnuppe beob-

achten, urteilen sie, dass ihre Könige gegen die Götter gefrevelt haben und setzen sie ab. Nur wenn ein günstiger Orakelspruch aus Delphi oder Olympia eingeholt wird, kann das den verurteilten Königen helfen.

Plutarch, Agis und Kleomenes XI 3

Detailliertere astrologische Vorstellungen entstanden bei den Griechen erst später, und zwar auf Grundlage von Beobachtungen, die man zunächst aus dem mesopotamischen Raum übernommen und anschließend eigenständig erweitert hatte. Speziell aus Babylonien sind eingehende Studien der Himmelskörper seit dem 8. Jahrhundert v. Chr. belegt: Man hatte dort die Phasen und Verdunklungen von Mond und Sonne, zudem die fünf damals bekannten Planeten und deren Positionen innerhalb der ebenfalls bereits definierten Tierkreise, aber auch Kometen und Meteore systematisch beobachtet sowie mantisch gedeutet.

Auch wenn Griechen und Römer begrifflich nicht zwischen Astrologie und Astronomie unterschieden, wurde die Deutung der Himmelskörper dennoch klar von deren konstatierender Beobachtung getrennt. Insbesondere die Vorsokratiker, durch deren Wirken die östliche Sternenkunde im griechischen Raum Einzug hielt, nutzten das neue Wissen fast ausschließlich mit Blick auf rein naturwissenschaftliche Erkenntnisse. Eine wie auch immer geartete mantische Bedeutung der Gestirne war in der Philosophie hingegen zu allen Zeiten umstritten. Als jedoch der Einfluss des Mondes auf die Gezeitenbildung festgestellt wurde, bedeutete dies eine nachhaltige Unterstützung für alle Anhänger der Astrologie.

Im späten 5. Jahrhundert erstellten griechische Sternendeuter erstmals auch persönliche Horoskope und ebneten damit den Weg für die enorme Bedeutung, die diese mantische Lehre ab dem Hellenismus bei Privatleuten erfuhr. Nach der Eroberung des Perserreiches durch Alexander d. Gr. verbreiteten zudem chaldäische Priester aus Mesopotamien die Auffassungen der babylonischen Sternenkunde im griechisch beherrschten Mittelmeerraum und gründeten sogar regelrechte Astrologenschulen, etwa auf der Insel Kos. Mit der Eroberung dieser Gebiete durch das Römische Reich breitete sich die Sternenkunde auch in dessen Grenzen schnell aus, entwickelte ihren größten Einfluss aber in Rom selbst, wo zahlreiche Sklaven aus den östlichen Provinzen der Astrologie anhingen und dieser Lehre vor allem in den unteren Bevölkerungsschichten zu Popularität verhalfen.

Die Zeichendeutung für den Privatmann – ein eigenständiger Wirtschaftszweig

Die mantische Kunst der Seher hatte, ebenso wie der Besuch von Orakeln, in all ihren Formen seit jeher auch Privatleuten zur Verfügung gestanden. Jedoch breiteten sich ab dem Hellenismus und vor allem in der Kaiserzeit zunehmend vereinfachte und kommerzialisierte Formen der Weissagung aus, die bei der Masse der Bevölkerung regen Zuspruch fanden. Hierzu zählten vor allem das Deuten von Zufallsergebnissen beim Würfeln und Losen sowie simplifizierte Methoden der Astrologie.

Nach der Entstehung der großen Flächenstaaten seit Alexander d. Gr. bediente man sich zudem gerade in wohlhabenderen Städten und Regionen gerne solcher Seher, die als sozial benachteiligte Einwanderer aus exotischen Provinzen ihre Kunst schon gegen geringe Bezahlung ausübten. Als Anbieter einer echten »Massenware« sprachen diese Weissager eine Laufkundschaft an und postierten sich daher vorzugsweise an Standorten mit hoher Besucherfrequenz, in Rom etwa rings um den Circus Maximus oder sogar auf dem Forum selbst.

Die Geringschätzung, die solche Angebote hingegen seitens der Oberschicht erfuhren, lassen Ciceros Bruder Quintus und der griechische Autor Plutarch – mit einem Abstand von fast 200 Jahren – klar erkennen:

Ich erkenne weder die Loszieher noch die gewerblichen Weissager an, nicht einmal die Totenbeschwörer; schließlich halte ich auch kein bisschen von den Eingeweidebeschauern aus der Provinz, nichts von den Astrologen beim Circus Maximus, nichts von den Traumdeutern dort. Denn sie alle sind keine Seher, die sich einer Wissenschaft oder Kunst bedienen, sondern es handelt sich bei ihnen um abergläubische Wahrsager und unverschämte Betrüger: »Denen sie Reichtum verheißen, die bitten sie selbst um Geld«, wie unser Dichter Ennius sagt.

Cicero, De divinatione I 132

Die Wanderseher, die sich auf dem Markt herumtreiben und rings um die Tempel der Großen Mutter oder der Serapis lauern, betrügen ihre Kunden. Denn die einen denken sich ihre Orakel selbst aus, die anderen übernehmen sie je nach Losfall aus irgendwelchen Schriftstücken. Das ist etwas für Sklaven und ungebildete Frauen, die sich von metrischen Versen und poetischer Wortwahl leicht beeindrucken lassen.

Plutarch, Moralia 407C

Wie suspekt diese neuen Formen der Weissagung der herrschenden Schicht waren, zeigte sich aber nicht nur in literarischer Form, sondern auch in konkreten politischen Aktionen. Speziell in Rom und Italien wurden Astrologen und

Wahrsager spätestens seit 139 v. Chr. immer wieder gesamtheitlich verbannt oder anderweitig hart bestraft: Ab dem Beginn der Kaiserzeit fanden solche Maßnahmen im Durchschnitt alle zehn Jahre statt. Zu dieser Härte trugen nicht nur die aus Sicht der traditionellen Religion fragwürdigen seherischen Methoden bei, sondern auch die Anliegen, mit denen sich viele Menschen an das fahrende Volk der Weissager wandten. Da häufig nach bevorstehenden Erbschaften von – freilich zum Zeitpunkt der Frage noch lebenden – nahen Angehörigen, nach ehebrecherischem Verhalten des Ehepartners oder sogar nach dem Ableben des Kaisers gefragt wurde, sah die Staatsführung die öffentliche Sitte ebenso bedroht wie die staatliche Ordnung.

Juvenal skizziert solche niederen Motive, wenn er satirisch das »typische« Leben einer reichen Ehefrau im frühen 2. Jahrhundert n. Chr. beschreibt.

Kaum hat der Ehemann das Haus verlassen, kommt auf Bestellung eine jüdische Frau, murmelt der Gattin die ersehnten Geheimnisse ins Ohr und füllt ihre bettelnde Hand, zumindest ein wenig: denn schon für Kleingeld verkaufen die Juden Traumdeutungen aller Art.

Einen jugendlichen Liebhaber oder das vermögende Testament eines kinderlosen Reichen verspricht ihr danach ein Opferschauer aus dem fernen Armenien oder Kommagene, nachdem er die noch warmen Lungen einer Taube geprüft hat. Der greift auch auf Innereien von Küken, auf die Eingeweide von Hündchen und bisweilen sogar auf die Organe von Kindern zurück.

Noch größer ist das Vertrauen zu den Sterndeutern: Was immer ein Astrologe verkündet, stammt für die Leute nämlich direkt von Zeus Ammon. Bei ihm erkundigt sie sich, wann sie endlich ihre gelbsüchtige Mutter unter die Erde bringen werde, vor allem aber nach dem Todestag des eigenen Ehemanns, wann sie ihre Schwester und ihre Onkel zu Grabe tragen werde und ob ihr Liebhaber sie überlebe.

Die typische Ehefrau, die solchen Weissagungen anhängt, weiß ja nicht selbst Bescheid, welche Bedrohung der unheilvolle Saturn anzeigt, in welchem Sternbild Venus Freuden verkündet, welche Monate Unglück, welche Zeiten Gewinn bringen.

Aber hüte dich unbedingt, einer auch nur über den Weg zu laufen, in deren Hand du astrologische Kalender siehst und die niemanden mehr befragt, sondern schon selber befragt wird. Die begleitet ihren Mann auf seinen Reisen – sei es in den Krieg oder zurück nach Hause – nur dann, wenn astrologische Berechnungen ihr nicht davon abraten.

Selbst wenn sie nur eine Meile aus der Stadt hinausfahren will, entnimmt sie die richtige Zeit dafür ihrem astrologischen Lehrbuch. Und juckt sie es im Augenwinkel, besorgt sie sich erst dann Augensalbe, nachdem sie einen Blick in ihr Geburtshoroskop geworfen hat.

Juvenal, Saturae VI 542 ff.

Trotz dieser elitären Einstellung gegenüber solchen als primitiv und nicht vertrauenswürdig angesehenen Formen der Mantik wollte die staatliche Elite des Römischen Reiches auf private Weissagungen keineswegs verzichten. Vielmehr bediente sich auch die Oberschicht diverser mantischer Verfahren, allerdings auf einem anderen Niveau: Man befragte die bei offiziellen Anlässen tätigen Seher aus aller Welt, insbesondere Etrusker, auch zu persönlichen Anliegen und ließ sich von namhaften Astrologen Privathoroskope erstellen. Gerade die Kaiser zeigten hierbei nachhaltiges Interesse: Während Tiberius seine astrologischen Studien aber noch im Verborgenen betrieb, beendete Kaiser Hadrian nicht nur die Verfolgung der Sternendeuter endgültig, sondern führte sogar staatlich besoldete Lehrstühle für Astrologie ein.

Den Reichen gibt ein Augur, der extra aus Phrygien anreist, eine Weissagung, oder aber ein erfahrener Astrologe, gerne auch ein älterer Mann, der auch im offiziellen Auftrag Blitzschläge sühnt.

Das Schicksal der Plebejer hingegen entscheidet sich am Zirkus und im Schatten der Stadtmauer: Dort fragt eine Frau mit nacktem Hals und bloßen Schultern die Wahrsagerin, ob sie den Wirt verlassen und den Kaufmann heiraten soll.

Juvenal, Saturae VI 585 ff.

Kapitel 5

Die mantischen Do-it-yourself Methoden

Mantik als Form der Selbstbedienung

Für manche Arten der Weissagung war weder ein Medium noch ein Seher, ja nicht einmal ein Wahrsager erforderlich. Solche Varianten der Zukunftsschau konnte jeder Fragesteller vielmehr selbstständig nutzen.

Zu den lokal gebundenen Formen dieser Art von Mantik zählten z. B. die sogenannten Stimmorakel, bei denen etwas zufällig Gehörtes als göttliche Antwort auf das eigene Anliegen galt.

In der Mitte der Agora von Pharai befindet sich das Marmorbildnis eines bärtigen Hermes mit dem Beinamen Agoraios. Die Statue steht direkt auf dem Boden, hat eine viereckige Form und ist relativ klein. An diesem Heiligtum gibt es ein Orakel: Vor der Statue befindet sich ein ebenfalls aus Marmor gefertigter Herd, an dem bronzene Leuchten angebracht sind. Wer den Gott befragen will, begibt sich am Abend dorthin, verbrennt Weihrauch auf dem Herd, füllt Öl in die Lampen und zündet sie an, legt eine bestimmte Münze auf den Altar, der sich rechts neben dem Standbild befindet, und flüstert dem Gott eine beliebige Frage ins Ohr. Anschließend geht er von der Agora und hält sich dabei die Ohren zu, bis er sie verlassen hat. Wenn er dann die Hände von den Ohren nimmt, gelten die ersten Worte, die er hört, als Antwort des Orakels.

Pausanias, Periegesis VII 22,3

Seit der Kaiserzeit besonders populär waren die im gesamten Mittelmeerraum verbreiteten Zufallsorakel aller Art: Man zog Lose, ließ Würfel oder kleine Knochen fallen und nutzte vom Pendel bis zur Drehscheibe verschiedenste Mechanismen, um durch den als göttlich aufgefassten Zufall Weissagungen zu erhalten.

Auf dem Weg vom achaiischen Boura hinab zum Meer kommt man an einen Fluss namens Bouraikos. Dort befindet sich in einer Höhle ein kleines Standbild des Herakles, der den Beinamen Bouraikos trägt. Bei ihm erhält man mit Hilfe von Würfeln und einer Inschriftentafel Orakel: Man befragt den Gott, indem man vor der Statue betet und anschließend vier von den Würfeln nimmt, die neben der Statue in großer Menge ausliegen. Nachdem man einen Wurf auf den Tisch des Heiligtums hat fallen lassen, sucht man auf der Tafel die entsprechende Konstellation heraus und findet daneben die Bedeutung des Würfelergebnisses.

Pausanias, Periegesis VII 25,10

Die erlosten Zahlen, Lose usw. verwiesen meist über einen Schlüssel – fast immer ohne erkennbare Logik – auf die eigentlichen Ratsprüche. Um diesen eine Aura der Autorität zu verleihen, verwendete man dafür gerne Sätze oder Verse aus renommierten Werken wie der Ilias, Odyssee oder Aeneis.

Weil solche mantischen Zufallstechniken nicht ortsgebunden waren, entwickelten sich bald auch Methoden, mit denen sich das Schicksal überall befragen lassen sollte – vor allem portable Handbücher mit langen Listen von Weissagungen. Als besonders prominentes Beispiel dafür ist das »Pythagoras-Orakel« im Folgenden vollständig angefügt. Es veranschaulicht nicht nur die Prinzipien der zufälligen

Auswahl (in diesem Fall einer Zahl) und die Techniken der Verschlüsselung, um den zugehörigen Ratspruch zu erhalten. Sondern es illustriert zugleich auch die Bandbreite der Fragen, auf welche die Weissagung in der Antike Antworten geben sollte.

Zum Mitmachen: Das antike Pythagoras-Orakel in vollständiger Übersetzung

Astrampsychos, der Ägypter, sendet dem Ptolemäerkönig folgende Unterlagen, um Weissagungen zu verschiedensten Fragen erstellen zu können.

Von den schönen Dingen und davon, was für das menschliche Leben vorteilhaft ist, soll dir möglichst nichts vorenthalten bleiben – denn ich weiß ja, dass du sehr interessiert, ja geradezu begierig auf solche Sachen bist. Deshalb schicke ich dir anbei ein weiteres Schriftstück. Die Mühe, die ich mir machen musste, um es zusammenzutragen, hat mich wirklich erschöpft. Denn ich habe aus dem Allerheiligsten der Tempel das meiner Meinung nach Beste von allem gesammelt, was dir bislang unzugänglich war. Und jetzt lege ich es dir offen, damit dir auf deinem Interessengebiet nichts verborgen bleibt.

Die beiliegende Schrift stammt von dem Philosophen Pythagoras und dient dazu, mit Hilfe von Zahlen Voraussagungen über die Zukunft zu treffen. Wenn du sie durchliest, wirst du erkennen, dass dieses Werk das tatsächlich ermöglicht.

Zu Beginn führt es die Fragen auf, die ein Ratsuchender seinem Anliegen entsprechend eventuell stellen könnte. Diese Fragen sind jeweils mit einer natürlichen Zahl verbunden, angefangen bei 12 und dann steigend. Hat man sich für eine Frage entschieden, nimmt man diese Zahl, addiert einen beliebigen Wert zwischen 1 und 10 und merkt sich diese Summe.

Nun kommt man zum nächsten Punkt: Auf der folgenden Seite findest du normal gedruckte Zahlen (angefangen bei 13 und dann der Reihe nach ansteigend) und daneben jeweils fett gedruckte Zahlen, die keiner Ordnung zu folgen scheinen. Letztere beziehen sich auf die Antwort der gewählten Frage. Diese fett gedruckte Zahl, die neben der normal gesetzten steht – die wie schon gesagt die Summe aus der Zahl neben der Frage sowie der frei gewählten Zahl zwischen eins und zehn darstellt –, verweist nämlich auf die entsprechende Zehnergruppe bei den Antworten. Gehe nun zu der Seite, auf der sich diese Zehnergruppe befindet: Die Zehnergruppen sind der Reihe nach durchnummeriert. In dieser Zehnergruppe steht zu Beginn jeder Zeile eine Zahl. Achte nur auf die Zeile, die mit der vorhin frei gewählten Zahl zwischen eins und zehn beginnt. Denn die daneben befindliche Aussage ist die Antwort auf die Frage, welche eingangs gestellt worden ist.

Ein Beispiel:
Angenommen, jemand möchte wissen: »Werde ich im Amt aufsteigen?«. Dann findet er neben dieser Frage die Zahl »16«. Weiterhin angenommen, der Ratsuchende wählt die »5« als Zufallszahl. Dann ergibt die Summe aus beiden die »21«. Nun sucht man auf der Seite mit den Zahlentabellen unter den normal gesetzten Zahlen die »21«. Daneben findet sich in Fettdruck die Zahl »8«. Man schlägt also die 8. Zehnergruppe auf. Weil die »5« als Zufallszahl gewählt wurde, steht in der mit »5« beginnenden Zeile auch die Antwort auf die Frage: »Du wirst nach einer Weile aufsteigen, wie es dein Wunsch ist.«

Mit Hilfe dieser Spruchsammlung hat dein Vorgänger im Königsamt, Alexander d. Gr. von Makedonien, die Welt erobern können. Und wenn du es ebenso einsetzt, wirst du bei allen Menschen fortwährenden Ruhm erlangen.

Achte aber darauf, dich nach den Tagen und Stunden zu richten, an denen das Orakel mit größter Sicherheit Zutreffendes verkündet. Dazu musst du deine Fragen an folgenden Wochentagen stellen: am Ares-Tag (Mittwoch), Zeus-Tag (Freitag), Kronos-Tag (Samstag) und Helios-Tag (Sonntag) – an den übrigen jedoch keinesfalls.

Die richtige Tageszeit ist am Helios-Tag die dritte Stunde, am Kronos-Tag die siebte, am Zeus-Tag die fünfte, am Ares-Tag wiederum die dritte Stunde. An diesen Tagen und zu diesen Stunden erhältst du also die zuverlässigsten Antworten.

Vor der eigentlichen Fragestellung ist darüber hinaus zu erkunden, ob der Zeitpunkt für eine Befragung des Orakels günstig ist. Dazu dient die dreizehnte Frage des Katalogs. Der entsprechende Ratspruch gibt vor, wie man anschließend zu verfahren hat, um sich nach der eigentlichen Frage zu erkundigen.

Außerdem sind für die einzelnen Monatstage bestimmte Einschränkungen zu berücksichtigen, wie sie im Folgenden angegeben sind: Frage am 1. Tag des Monats morgens, am 2. abends, am 3. gar nicht, am 4. zu jeder beliebigen Tageszeit, am 5. gar nicht, am 6. zu jeder beliebigen Tageszeit, am 7. morgens, am 8. abends, am 9. abends, am 10. abends; am 11. abends, am 12. abends, am 13. morgens, am 14. abends, am 15. morgens, am 16. nur zur dritten Stunde, am 17. abends, am 18. nur zur dritten Stunde, am 19. gar nicht, am 20. gar nicht, am 21. morgens, am 22. morgens, am 23. abends, am 24. gar nicht, am 25. abends, am 26. abends, am 27. gar nicht, am 28. abends, am 29. abends, am 30. abends und am 31. morgens.

In der folgenden Tabelle bezeichnen die grau hinterlegten Zahlen die oben beschriebene Summe aus Frage- und Zufallszahl, die nicht hinterlegten Zahlen verweisen auf die zugehörige Zehnergruppe bei den Antworten.

13	20	23	24	33	3	43	70
14	101	24	27	34	68	44	99
15	44	25	71	35	76	45	62
16	98	26	18	36	50	46	31
17	19	27	15	37	53	47	33
18	93	28	37	38	4	48	5
19	79	29	56	39	96	49	45
20	35	30	102	40	40	50	100
21	8	31	38	41	21	51	41
22	46	32	34	42	23	52	39

53	11	63	6	73	22	83	85
54	74	64	42	74	80	84	87
55	10	65	78	75	60	85	26
56	49	66	48	76	84	86	66
57	83	67	59	77	43	87	67
58	94	68	7	78	14	88	9
59	86	69	1	79	55	89	72
60	61	70	95	80	30	90	13
61	75	71	90	81	64	91	81
62	52	72	17	82	58	92	12

93	57	99	65	105	28	111	92
94	29	100	73	106	36	112	97
95	25	101	32	107	63	113	103
96	89	102	16	108	82	114	47
97	77	103	2	109	88	115	69
98	54	104	51	110	91		

Die Fragen

12 Wird meine Schiffsreise gefahrlos verlaufen?
13 Ist jetzt die richtige Zeit, um dem Orakel ein Frage vorzulegen?
14 Werde ich im Heer dienen?
15 Werde ich mich an dem Geschäft beteiligen?
16 Werde ich im Amt aufsteigen?
17 Werde ich ins Ausland gehen?
18 Bringt es mir Vorteile, mich an dem Geschäft zu beteiligen?
19 Werde ich erfolgreich sein?

20 Werde ich die angebotene Ware kaufen?
21 Heirate ich und nutzt es mir?
22 Werde ich bei dem Geschäft Verluste erleiden?
23 Werde ich aus meinem Ort wegziehen?
24 Wird meine Frau ein Kind zur Welt bringen?
25 Werde ich einen Weg finden, mir schnell Geld zu leihen?
26 Werde ich meine Schulden zurückbezahlen?
27 Kommt der Verreiste nach Hause?
28 Werde ich sofort Rechenschaft ablegen?
29 Werde ich von der Anklage freigesprochen?

30 Werde ich das Kind aufziehen?
31 Werde ich infolge des Geschäfts verachtet werden?
32 Werde ich aus der Sklaverei freikommen?
33 Beerbe ich meinen Vater?
34 Beerbe ich meine Mutter?
35 Werde ich ein Amt bekleiden?
36 Werde ich meinen entlaufenen Sklaven finden?

37 Werde ich ein schönes Lebensende haben?
38 Beerbe ich meinen Freund?
39 Werde ich Leiter des Marktes werden?

40 Werde ich wiederfinden, was ich verloren habe?
41 Werde ich Lehrer werden?
42 Werde ich meine Krankheit überleben?
43 Werde ich ein Geschäft eröffnen?
44 Habe ich noch lange zu leben?
45 Werde ich den Antrag erfolgreich einbringen?
46 Werde ich mich mit meinen Herren versöhnen?
47 Werde ich Kinder haben?
48 Werde ich meine Eltern beerben?
49 Werde ich die Mitgift bekommen?

50 Werde ich meinen Besitz behalten?
51 Werde ich den laufenden Prozess gewinnen?
52 Werde ich meine Frau beerben?
53 Werde ich freigesprochen, wenn gegen mich eine falsche Anklage erhoben wird?
54 Wird der Kranke wieder gesund?
55 Werde ich die Frau bekommen, die ich möchte?
56 Werde ich aus meiner Gefangenschaft freikommen?
57 Werde ich die Fracht verkaufen?
58 Werde ich das von mir verliehene Geld sicher zurückerhalten?
59 Wird meine Frau eine Fehlgeburt erleiden?

60 Werde ich Verwalter werden?
61 Werde ich Land verpachten und ist das vorteilhaft für mich?
62 Werde ich die gemeinte Person beerben?

63 Werde ich meinen Prozessgegner besiegen?
64 Werde ich sehen, wie ein Kind stirbt?
65 Werde ich Feldherr werden?
66 Werde ich Kleriker?
67 Werde ich in das von mir erhoffte Amt berufen?
68 Kann ich auf Vertrauen hoffen?
69 Werde ich die Wiederaufnahme des Prozesses gewinnen, wenn ich ein Pfand hinterlege?

70 Werde ich meine Geliebte heiraten?
71 Werde ich mein Pfand zurückerhalten?
72 Werde ich meinen Lohn erhalten?
73 Werde ich dort bleiben, wo ich hingehe?
74 Werde ich in die Sklaverei verkauft werden?
75 Werde ich von meinem Freund einen Nutzen haben?
76 Wird es mir zuteil werden, mit einem anderen ein Geschäft zu machen?
77 Werde ich an meinen Heimatort zurückversetzt?
78 Werde ich Urlaub bekommen?
79 Werde ich das fragliche Geld bekommen?

80 Lebt der Verreiste?
81 Wird mir das Geschäft Gewinn bringen?
82 Wird mein Besitz zwangsversteigert?
83 Werde ich einen Weg zum Verkaufen finden?
84 Werde ich kaufen können, was ich mir vorgenommen habe?
85 Werde ich wohlhabend sein?
86 Werde ich in die Verbannung gehen müssen?
87 Werde ich Gesandter?
88 Werde ich ein Ratsmitglied?
89 Wird sich mein entlaufener Sklave vor mir verstecken können?

90 Werde ich mit meiner Frau entzweien?
91 Bin ich vergiftet worden?
92 Werde ich ein Erbe antreten?
93 Werde ich erreichen, wonach ich strebe?
94 Werde ich wieder in mein Heimatland kommen?
95 Werde ich einer der führenden Politiker werden?
96 Werde ich nicht mehr an mein Stück Land gebunden sein?
97 Wird meine Frau bei mir bleiben?
98 Werde ich Presbyter bleiben?
99 Werde ich ein Stück Land oder ein Haus kaufen?

100 Werde ich in Kürze als Ehebrecher entlarvt?
101 Werde ich Bischof?
102 Werde ich mich mit meiner Freundin entzweien?
103 Wird der Gefangene freikommen?

Die Antworten

1. Zehnergruppe

1 Du kannst nicht auf Vertrauen hoffen.

2 Du erhältst die Berufung nicht sofort.

3 Du wirst Kleriker, aber erst später.

4 Du wirst Feldherr sein, ein glückliches Leben führen und geehrt werden.

5 Du wirst einen Tod sehen, dich aber sogleich wieder freuen.

6 Du wirst den Sieg erlangen: Kämpfe!

7 Du wirst eine andere Frau beerben, aber erst nach einem Prozess.

8 Wenn du Land verpachtest, erleidest du großen Schaden.

9 Du wirst zwar Verwalter werden, aber dir wird von jedem Neid entgegenschlagen.

10 Sie erleidet eine lebensgefährliche Fehlgeburt, aber überlebt.

2. Zehnergruppe

1 Du wirst dich weder mit deiner Frau noch mit deiner Freundin aussöhnen.

2 Es ist dir nicht bestimmt, Bischof zu werden. Hoffe nicht darauf.

3 Du wirst das schlimmste Schicksal eines Ehebrechers erleiden.

4 Du wirst das Land oder Haus, das du willst, kaufen.

5 Du wirst bis zu deinem Tod Presbyter bleiben.

6 Deine Frau bleibt nicht bei dir und du wirst eine andere heiraten.

7 Du wirst von deinem Stück Land loskommen, wie es dein Wunsch ist.

8 Du wirst bald einer der führenden Politiker sein.

9 Du wirst nach einiger Zeit in deine Heimat zurückkehren.

10 Du wirst nicht erreichen, wonach du strebst. Erwarte es nicht.

3. Zehnergruppe

1 Du wirst nicht sofort freikommen.

2 Du wirst verachtet werden, aber nicht sehr. Lass es dich nicht bekümmern.

3 Der Säugling wird mit großer Anstrengung überleben.

4 Du wirst von der Anklage nicht sofort freigesprochen. Warte ab.

5 Du wirst in Kürze Rechenschaft ablegen, und das zu deinem Nutzen.

6 Der Verreiste wird gesund zurückkehren.

7 Du wirst deine Schulden in Kürze zurückzahlen und dich anschließend freuen.

8 Es wird dir nicht gelingen, sofort Geld von der Person zu leihen, von der du es erhoffst.

9 Sie wird niederkommen, in Lebensgefahr geraten und schließlich sterben.

10 Du wirst nicht sofort von diesem Ort wegziehen müssen. Hab keine Angst.

4. Zehnergruppe

1 Du wirst kein schönes Lebensende haben.

2 Du wirst deinen entlaufenen Sklaven für den Moment nicht finden.

3 Du wirst ein Amt bekleiden und glücklich sein.

4 Du beerbst deine Mutter.

5 Du beerbst deinen Vater.

6 Du wirst nicht sofort freikommen. Erwarte es nicht.

7 Bis du Rechenschaft ablegst, wirst du verachtet werden.

8 Der Säugling wird aufwachsen.

9 Du wirst von der Anklage nicht freigesprochen.

10 Du wirst erst in einiger Zeit Rechenschaft ablegen.

5. Zehnergruppe

1 Es ist nicht gut für dich, in nächster Zeit ein Kind zu zeugen.

2 Du wirst dich mit deinen Herren für den Moment nicht versöhnen.

3 Bring deinen Antrag ein. Du wirst ihn durchsetzen.

4 Du wirst ein langes und glückliches Leben führen.

5 Eröffne das Geschäft, es ist nämlich von Vorteil für dich.

6 Du wirst von der Krankheit genesen, aber erst später.

7 Du wirst Lehrer, aber in der Fremde und erst später.

8 Du wirst das Verlorene jetzt nicht finden.

9 Du wirst Marktleiter, aber nicht sofort.

10 Du wirst deinen Freund nicht beerben: Du wirst nämlich vor ihm sterben.

6. Zehnergruppe

1 Du wirst nicht erben.

2 Verpachte, du machst damit nämlich einen großen Gewinn.

3 Du wirst ein guter Verwalter sein und von allen geachtet werden.

4 Sie wird die kommende Schwangerschaft gut bewältigen.

5 Verleihe nichts, denn sonst es geht verloren.

6 Du wirst die Fracht nicht sofort verkaufen.

7 Du wirst jetzt aus der Gefangenschaft freikommen.

8 Du wirst die Frau bekommen, die du begehrst.

9 Der Kranke wird in Gefahr sein.

10 Du wirst dank deiner Freunde von der falschen Anklage freigesprochen werden.

7. Zehnergruppe

1 Du wirst die Berufung erhalten.

2 Du wirt kein Kleriker werden.

3 Du wirst Feldherr werden und in Gefahr geraten.

4 Es ist dir nicht bestimmt, einen Tod zu sehen.

5 Du wirst sofort gewinnen. Kämpfe mit Freuden!

6 Du wirst erben, aber nicht alles.

7 Verpachte nicht sofort, das ist nicht vorteilhaft für dich.

8 Du wirst in Kürze Verwalter werden und Ansehen erlangen.

9 Deine Frau wird keine Fehlgeburt erleiden. Mach dir keine Sorgen.

10 Wenn du Geld verleihst, dann nur gegen Pfand.

8. Zehnergruppe

1 Du wirst die angebotene Ware nicht kaufen.

2 Wenn du ein wenig älter geworden bist, wirst du glücklich werden und es bis ans Lebensende bleiben.

3 Wenn du dich an dem Geschäft beteiligst, wirst du sehr großen Gewinn machen.

4 Geh nicht außer Landes: Es wird für dich nicht vorteilhaft sein.

5 Du wirst nach einiger Zeit aufsteigen, ganz wie du es willst.

6 Du wirst dich an dem Geschäft beteiligen, aber es ist ein Fehler.

7 Wenn du Soldat wirst, wirst du es bereuen.

8 Du hast nicht die richtige Stunde gewählt, um das Orakel zu befragen.

9 Wenn du sofort in See stichst, wirst du in Gefahr geraten.

10 Der Gefangene wird mit etwas Verzug freikommen.

9. Zehnergruppe

1 Du wirst Gesandter, weil du dir nie etwas hast zuschulden kommen lassen.

2 Du wirst nicht verbannt werden, aber man wird dich verachten.

3 Du wirst nie wohlhabend werden.

4 Du wirst erwerben, was du begehrst. Und du wirst es verkaufen, nachdem du es abgenutzt hast.

5 Wenn du es sofort verkaufst, wirst du Schaden nehmen.

6 Keine Angst, dein Besitz wird nicht zwangsversteigert.

7 Du wirst mit dem Geschäft einen kleinen Gewinn erzielen.

8 Der Verreiste lebt nicht mehr, denn er wurde vergiftet.

9 Du wirst das Geld mit großer Mühe erhalten.

10 Du wirst sofort einen Begleiter erhalten.

10. Zehnergruppe

1 Er wird sofort von seiner Krankheit geheilt werden.

2 Du wirst vor Verrat nicht sicher sein. Sieh dich vor!

3 Du wirst deine Frau nicht beerben. Du stirbst nämlich vor ihr.

4 Führe jetzt keinen Prozess, du wirst nämlich unterliegen.

5 Dir wird nicht dein ganzer Besitz verbleiben.

6 Du wirst die Mitgift später erhalten.

7 Du wirst deine Eltern beerben.

8 Du wirst Kinder zeugen, sie aufziehen und bestatten.

9 Du wirst dich mit deinen Herren nach einiger Anstrengung versöhnen.

10 Du wirst den Antrag einbringen und davon profitieren.

11. Zehnergruppe

1 Du wirst deine Frau nicht beerben.

2 Streng den Prozess sofort an: Du wirst nämlich siegen.

3 Dir wird dein ganzes Vermögen erhalten bleiben.

4 Du wirst die Mitgift nicht sofort erhalten.

5 Du wirst von deinen Eltern nur wenig erben.

6 Du wirst tüchtige Kinder zeugen, aber viel Kummer an ihnen haben.

7 Du wirst dich mit deinen Herren für den Moment nicht aussöhnen.

8 Du wirst mit deinem Antrag nicht sofort Erfolg haben.

9 Dein Leben wird eine durchschnittliche Länge haben. Sei nicht betrübt, sondern bete.

10 Du wirst das Geschäft mit einiger Mühe eröffnen.

12. Zehnergruppe

1 Du wurdest vergiftet. Such dir ein Gegenmittel!

2 Du wirst dich mit deiner Frau bis zum Tod nicht entzweien.

3 Für den Moment bleibt dein entlaufener Sklave für dich unauffindbar.

4 Du wirst Ratsmitglied, aber nicht sofort.

5 Wenn du als einziger Gesandter ausziehst, kannst du alle Hoffnung aufgeben!

6 Du wirst nicht verbannt werden. Keine Angst!

7 Du wirst nicht wirklich wohlhabend werden.

8 Du wirst nicht sofort erwerben, was du begehrst.

9 Du wirst verkaufen, aber mit Verlust.

10 Dein Besitz wird nicht zwangsversteigert. Keine Angst!

13. Zehnergruppe

1 Du wirst deinen entlaufenen Sklaven ausfindig machen.

2 Du wirst dich mit Hilfe eines Darlehens erfolgreich um die Ratsmitgliedschaft bewerben.

3 Du wirst als einziger Gesandter ausziehen und davon profitieren.

4 Du wirst eine Zeitlang verbannt werden, aber einen Gewinn daraus ziehen.

5 Du wirst nicht wohlhabend werden.

6 Du wirst nichts sofort erwerben. Hoffe nicht darauf.

7 Es gibt für dich keine Möglichkeit, sofort zu verkaufen.

8 Dein Vermögen wird nicht sofort zwangsversteigert. Sorge dich nicht!

9 Du wirst mit dem Geschäft einen kleinen Gewinn machen.

10 Der Verreiste lebt und es geht ihm gut, aber seine Heimreise verzögert sich.

14. Zehnergruppe

1 Du wirst nicht wieder an deinen Heimatort versetzt werden.

2 Es ist dir nicht bestimmt, mit einem anderen ein Geschäft zu machen.

3 Du wirst vom Geschäft deines Freundes profitieren.

4 Du wirst zwar verkaufen, aber nicht sofort.

5 Du wirst nicht dort bleiben, wo du hingehst.

6 Du wirst den Lohn erhalten, aber nicht sofort.

7 Du wirst das hinterlegte Geld zurückerhalten.

8 Wenn du deine Freundin heiratest, wird das zu deinem Schaden sein.

9 Hinterlege das Pfand, du wirst nämlich siegen.

10 Du kannst nicht auf Vertrauen hoffen.

15. Zehnergruppe

1 Du wirst deine Schulden nicht zurückzahlen.

2 Du wirst dir gegen Pfand Geld leihen.

3 Sie wird gebären und das Neugeborene wird überleben.

4 Du wirst aus deinem Ort wegziehen, und zwar zu deinem Schaden.

5 Du wirst Schaden erleiden, aber nur ein wenig.

6 Du wirst zwar heiraten, aber die Ehe später auflösen.

7 Du wirst die angebotene Ware kaufen und Schaden erleiden.

8 Du hast erst spät Erfolg. Mach dir keine Gedanken!

9 Du wirst dich schnell an dem Geschäft beteiligen und Gewinn machen.

10 Du wirst plötzlich ins Ausland gehen, und das zu deinem Vorteil.

16. Zehnergruppe

1 Es ist dir nicht bestimmt, Bischof zu werden.

2 Du wirst in Kürze als Ehebrecher ertappt werden.

3 Du wirst den Acker oder das Haus kaufen, das du willst.

4 Du wirst bis ins hohe Alter Presbyter bleiben.

5 Deine Frau wird nicht bei dir bleiben, denn sie wird die Ehe brechen.

6 Du wirst dich von deinem Stück Land nach einiger Mühe trennen können.

7 Du wirst schnell einer der führenden Politiker werden.

8 Du wirst deine Heimat wiedersehen, und das zu deinem Vorteil.

9 Du wirst schnell erreichen, wonach du strebst.

10 Du wirst kein Erbe antreten, denn man wird dich verleumden.

17. Zehnergruppe

1 Du wirst das Geld nicht zurückerhalten.

2 Du wirst deine Freundin nicht heiraten, denn sie ist mittlerweile eine Prostituierte.

3 Hinterlege kein Pfand, du wirst nämlich besiegt werden.

4 Du kannst guter Hoffnung auf Vertrauen sein.

5 Du wirst die Berufung erhalten.

6 Du wirst zum Kleriker werden.

7 Es ist nicht zu deinem Vorteil, im Heer zu dienen.

8 Du wirst einen Tod sehen, und zwar zu deinem Vorteil.

9 Du wirst siegen. Kämpfe bis zum Schluss.

10 Du wirst binnen Kurzem erben.

18. Zehnergruppe

1 Du wirst keinen Weg finden, Geld geliehen zu bekommen.

2 Sie wird eine leichte Geburt haben und ein schönes Kind zur Welt bringen.

3 Du wirst aus deinem Ort nicht sofort wegziehen.

4 Du wirst keinen Schaden erleiden. Keine Angst.

5 Du wirst heiraten und die Ehe aus Eifersucht auflösen.

6 Du wirst das Angebotene bald kaufen.

7 Du wirst erfolgreich sein, und zwar aufgrund deiner eigenen Anstrengungen.

8 Du wirst mit niemandem sofort ein Geschäft machen.

9 Du wirst für den Moment nicht ins Ausland ziehen. Warte ab.

10 Du wirst zu deinem Vorteil aufsteigen und in Ehren stehen.

19. Zehnergruppe

1 Du wirst nicht sofort aufsteigen.

2 Du wirst dich an dem Geschäft geschickt beteiligen und davon profitieren.

3 Du wirst mit einiger Mühe Soldat werden und es bereuen.

4 Stell keine Frage. Der Tag ist ungünstig.

5 Du wirst einige Hindernisse überwinden müssen, dann aber eine Seereise antreten.

6 Der Gefangene wird freikommen.

7 Du wirst mit deiner Frau versöhnt werden, aber mit großer Mühe.

8 Du wirst Bischof werden, und zwar zu deinem Nutzen.

9 Du wirst als Ehebrecher entlarvt werden. Sieh dich vor!

10 Du wirst das Grundstück für den Moment nicht kaufen.

20. Zehnergruppe

1 Deine Reise wird nicht gut verlaufen.

2 Der Gefangene wird freikommen.

3 Du wirst dich mit deiner Frau versöhnen, aber nicht so, wie du es erwartest.

4 Du wirst Bischof werden, aber nicht so, wie du es erwartest.

5 Du wirst jeden Moment als Ehebrecher entlarvt werden.

6 Du wirst das Stück Land für den Moment nicht kaufen.

7 Du wirst bis ins Alter Presbyter bleiben.

8 Deine Frau wird nicht bei dir bleiben, denn sie heiratet einen anderen.

9 Du wirst von deinem Stück Land loskommen und sehr davon profitieren.

10 Du wirst einer der führenden Politiker werden, aber nicht so, wie du es erwartest.

21. Zehnergruppe

1 Du wirst das Verlorene nicht finden.

2 Du wirst nicht sofort Marktleiter. Warte ab.

3 Du wirst einen erfolgreichen Prozess um das Erbe deines Freundes führen.

4 Du wirst kein schönes Lebensende haben. Es liegt an dir, ob du nähere Fragen stellen möchtest.

5 Du wirst den Entlaufenen für den Moment nicht finden, sondern erst nach einiger Zeit.

6 Du wirst bis in höchste Ämter aufsteigen, hohes Ansehen genießen und verehrt werden.

7 Du wirst die Hälfte des Erbes deiner Mutter erhalten.

8 Du wirst deinen Vater nicht beerben: Du stirbst nämlich vor ihm.

9 Du wirst für den Moment nicht freikommen, aber nach einiger Zeit.

10 Du wirst später verachtet werden, aber nicht sofort.

22. Zehnergruppe

1 Du wirst deinen Lohn erhalten.

2 Du wirst das anvertraute Geld nicht zurückerhalten.

3 Du wirst deine Freundin nicht heiraten können.

4 Hinterlege das Pfand. Denn du wirst siegen.

5 Du kannst durchaus auf Vertrauen hoffen.

6 Du erhältst die Berufung in das Amt.

7 Du wirst zum Kleriker, aber erst später.

8 Du wirst Feldherr, verbringst ein glückliches Leben und wirst geachtet werden.

9 Du wirst zwei Tode sehen, ohne dass es dir etwas nutzen würde.

10 Du wirst bis auf Weiteres nicht gewinnen. Mach dir keine Gedanken.

23. Zehnergruppe

1 Du wirst kein Lehrer werden können.

2 Du wirst das Verlorene vorerst nicht finden.

3 Du wirst in Kürze Marktleiter werden.

4 Du wirst deinen Freund nicht beerben. Hoffe nicht darauf.

5 Du wirst ein schönes Lebensende haben.

6 Du wirst den Entlaufenen nicht finden. Er ist nämlich auf einem Schiff geflohen.

7 Es ist dir bestimmt, ein hohes Amt zu bekleiden.

8 Du wirst deine Mutter nicht beerben: Du stirbst vor ihr.

9 Du wirst ein Drittel vom Erbe deines Vaters erhalten.

10 Du wirst nicht freikommen. Verhalte dich ruhig.

24. Zehnergruppe

1 Du wirst großen Schaden erleiden.

2 Du wirst deine Hochzeit bedauern, weil du keinen Nutzen von ihr haben wirst.

3 Du wirst die angebotene Ware wie gewünscht kaufen.

4 Du wirst das Glück haben, von einem Fremden zu erben.

5 Du wirst das Geschäft abschließen und sehr davon profitieren.

6 Du wirst ins Ausland gehen und es bereuen.

7 Du wirst wider Erwarten aufsteigen.

8 Es nutzt dir nichts, dich an dem Geschäft zu beteiligen, denn du wirst einen Verlust erleiden.

9 Du wirst im Heer dienen und schnell aufsteigen.

10 Sei heute geduldig und stell deine Frage morgen.

25. Zehnergruppe

1 Es ist dir nicht vergönnt, deine Heimat wiederzusehen.

2 Du wirst nicht erreichen, was du erstrebst.

3 Du wirst ein Erbe antreten, aber nur ein kleines.

4 Du bist nicht vergiftet, sondern verhext worden.

5 Du wirst dich so mit deiner Frau entzweien, dass andere dich verspotten werden.

6 Dein entlaufener Sklave wird nur kurz unauffindbar sein.

7 Du wirst Ratsmitglied sein, aber deiner Aufgabe nicht Herr werden.

8 Du wirst Gesandter sein und ein glückliches Leben führen, wenn du dich anstrengst.

9 Du wirst nicht verbannt werden. Sei ganz beruhigt.

10 Du wirst wohlhabend werden und in Ehren stehen.

26. Zehnergruppe

1 Du wirst das kaufen, was du im Sinn hast.

2 Du wirst keinen Weg finden, sofort zu verkaufen und Gewinn zu machen.

3 Dein Besitz wird nicht zwangsversteigert. Mach dir keine Sorgen.

4 Du wirst aus dem Geschäft nur wenig Gewinn ziehen.

5 Der Verreiste lebt und kommt zurück. Keine Angst.

6 Du wirst das Geld erst nach einiger Zeit bekommen.

7 Du wirst nicht sofort einen Begleiter bekommen.

8 Du wirst wieder an deinen Ort versetzt werden.

9 Schließ im Moment kein Geschäft ab: Es würde zu deinem Schaden sein.

10 Du wirst von deinem Freund keinen Nutzen haben.

27. Zehnergruppe

1 Du wirst nicht aus deinem Ort wegziehen.

2 Du wirst keinen Schaden nehmen. Hab keine Angst, sondern freu dich.

3 Du wirst schon bald die Frau heiraten, die du kennst, wenn du das willst.

4 Du wirst die angebotene Ware mit einiger Mühe kaufen können.

5 Du wirst dank deiner eigenen Bemühungen Erfolg haben.

6 Du wirst in Kürze ein Geschäft abschließen und großen Gewinn damit machen.

7 Du wirst nicht lange außer Landes sein.

8 Du wirst plötzlich aufsteigen, wenn du es am wenigsten ahnst.

9 Beteilige dich nicht an dem Geschäft. Es bringt dir keinen Nutzen.

10 Du wirst im Heer dienen, aber nicht sofort.

28. Zehnergruppe

1 Deine Schiffsreise wird glücklich und erfreulich verlaufen.

2 Der Gefangene wird mit Mühe freikommen.

3 Du wirst dich von deiner Freundin trennen und es bereuen.

4 Nach großen Anstrengungen wirst du Bischof werden.

5 Du wirst nicht als Ehebrecher entlarvt. Keine Angst!

6 Du wirst ein Stück Land oder ein Haus kaufen.

7 Du wirst nicht Presbyter bleiben.

8 Deine Frau wird bei dir bleiben, wenn du es willst.

9 Du wirst bis zum Tod nicht von deinem Stück Land loskommen.

10 Du wirst einer der führenden Politiker werden.

29. Zehnergruppe

1 Du wirst erreichen, was du erstrebst.

2 Du wirst nicht das gesamte Erbe erhalten.

3 Du bist nicht vergiftet worden. Keine Angst!

4 Du wirst dich mit deiner Frau nicht versöhnen.

5 Dein entlaufener Sklave wird nicht unauffindbar für dich bleiben.

6 Du wirst Ratsmitglied, aber nicht sofort.

7 Du wirst Gesandter sein, aber nicht allein.

8 Du wirst nicht verbannt werden. Keine Angst!

9 Du wirst ganz plötzlich wohlhabend werden.

10 Du wirst kaufen, was du im Sinn hast, wenn du willst.

30. Zehnergruppe

1 Du wirst das Geld nicht sofort erhalten.

2 Du wirst mit großer Mühe einen Begleiter erhalten.

3 Du wirst wieder an deinen Ort versetzt werden.

4 Du wirst mit keinem anderen Geschäfte machen können.

5 Du wirst von deinem Freund keinerlei Nutzen haben.

6 Verkauf nicht sofort, es wird dir nämlich nicht nutzen.

7 Du wirst nicht bleiben, sondern fortziehen.

8 Du wirst deinen Lohn nicht erhalten.

9 Du wirst das anvertraute Geld nicht zurückerhalten.

10 Du wirst deine Freundin heiraten, aber zu deinem Schaden.

31. Zehnergruppe

1 Du wirst den Antrag vergebens einreichen.

2 Du hast nicht mehr lange zu leben.

3 Du wirst eine Werkstatt eröffnen, aber erst später.

4 Du wirst von der Krankheit geheilt, wenn du dich umsichtig darum kümmerst.

5 Du wirst plötzlich Lehrer werden.

6 Du wirst das Verlorene nicht wiederfinden.

7 Du wirst Marktleiter werden und davon profitieren.

8 Du wirst deinen Freund nicht beerben. Erwarte es nicht.

9 Du wirst ein schönes Lebensende haben.

10 Du wirst den Flüchtigen binnen Kurzem finden.

32. Zehnergruppe

1. Du wirst nicht beim Ehebruch ertappt werden.
2. Du wirst weder ein Haus noch ein Stück Land kaufen.
3. Du wirst nicht Presbyter bleiben.
4. Deine Frau wird nicht bei dir bleiben.
5. Du wirst von deinem Stück Land loskommen.
6. Du wirst nicht sofort einer der führenden Politiker werden.
7. Du wirst deine Heimat vorerst nicht wiedersehen können.
8. Du wirst nicht erreichen, was du erstrebst.
9. Du wirst keinen Begleiter erhalten. Erwarte es nicht.
10. Du bist vergiftet worden. Such selbst nach einem Heilmittel!

33. Zehnergruppe

1 Du wirst dich mit deinen Herren nicht versöhnen.

2 Reiche deinen Antrag nicht sofort ein.

3 Du wirst eine lange Lebenszeit haben, aber an einer Fußkrankheit leiden.

4 Du wirst keine Werkstatt eröffnen.

5 Du wirst von der Krankheit geheilt werden, wenn du dich schonst.

6 Du wirst in deiner Heimat kein Lehrer werden.

7 Du wirst das Verlorene nicht finden.

8 Du wirst nicht sofort Marktleiter werden.

9 Du wirst deinen Freund nicht beerben und man wird dich verspotten.

10 Du wirst kein schönes Lebensende haben, denn du wirst zum Bettler werden.

34. Zehnergruppe

1. Du wirst zutiefst verachtet werden.
2. Du wirst den Säugling großziehen.
3. Du wirst von der Anklage freigesprochen.
4. Du wirst Rechenschaft ablegen. Hab keine Angst.
5. Der Verreiste wird nicht zurückkehren, denn er hat geheiratet.
6. Du wirst deine Schulden nicht zurückzahlen.
7. Du wirst dir Geld leihen und es sofort ausgeben.
8. Sie wird unter Gefahren ein Mädchen zur Welt bringen.
9. Du wirst von deinem Ort wegziehen. Bereite dich darauf vor.
10. Du wirst keinen Schaden erleiden. Keine Angst.

35. Zehnergruppe

1 Du wirst nicht erfolgreich sein.

2 Du wirst plötzlich ein Geschäft machen und Gewinn erzielen.

3 Du wirst nicht lange von zu Hause fort sein.

4 Du wirst schnell aufsteigen, und das zu deinem Vorteil.

5 Nimm nicht an dem Geschäft teil. Es bringt dir keinen Gewinn ein.

6 Wenn du Soldat wirst, bereust du es später.

7 Es ist nicht die richtige Zeit. Lass sein, was du dir vorgenommen hast.

8 Fahre nicht sofort los, du wirst nämlich Schiffbruch erleiden.

9 Der Gefangene wird schnell freikommen.

10 Du wirst dich mit deiner Freundin nicht versöhnen.

36. Zehnergruppe

1 Du wirst von deinem Freund keinen Nutzen haben.

2 Du wirst keine Seefahrt unternehmen, das sage ich dir voraus.

3 Der Gefangene wird freikommen.

4 Du wirst dich nicht von deiner Freundin trennen.

5 Du wirst kein Bischof werden. Erwarte es nicht.

6 Du wirst bis auf Weiteres nicht als Ehebrecher entlarvt werden.

7 Du wirst das Land kaufen, aber es wird nicht in deinem Besitz bleiben.

8 Du wirst Presbyter bleiben.

9 Deine Frau wird nicht bei dir bleiben.

10 Du wirst von deinem Stück Land nicht loskommen.

37. Zehnergruppe

1 Der Verreiste kehrt nicht zurück.

2 Du wirst deine Schulden binnen Kurzem begleichen.

3 Du wirst dir Geld leihen und Schaden erleiden: Du verlierst es nämlich.

4 Sie wird unter Lebensgefahr einen Jungen zur Welt bringen.

5 Du wirst bis auf Weiteres nicht von deinem Ort wegziehen.

6 Du wirst keinen Schaden erleiden. Keine Angst.

7 Du wirst die Frau heiraten, mit der du Tag für Tag verkehrst.

8 Du wirst die angebotene Ware mit einiger Anstrengung kaufen.

9 Du wirst bei jedem Erfolg haben.

10 Du wirst ein Geschäft machen und kannst darauf aufbauen.

38. Zehnergruppe

1 Der Säugling wird zu deinem Glück überleben.

2 Du wirst von der Anklage nicht freigesprochen, weil du vorverurteilt bist.

3 Du wirst sofort Rechenschaft ablegen. Das ist zu deinem Besten.

4 Der Verreiste kehrt nicht sofort zurück. Erwarte ihn nicht.

5 Du wirst deine Schulden sofort zurückzahlen und dich anschließend darüber freuen.

6 Du musst dir vorerst kein Geld leihen. Warte ab.

7 Sie wird ein Mädchen zur Welt bringen, das nur kurze Zeit zu leben hat.

8 Du wirst von deinem Ort schnell wegziehen, und das zu deinem Vorteil.

9 Es ist dir bestimmt, dass du zunächst Verluste hinnehmen musst, letztendlich aber Gewinn machst.

10 Du wirst in deiner ersten Ehe Schaden erleiden. Bleibe gelassen.

39. Zehnergruppe

1 Führe den Prozess.

2 Du wirst dein Vermögen nicht behalten.

3 Du wirst die Mitgift nur erhalten, wenn du einen Prozess darum führst.

4 Du wirst deine Eltern als Einziger beerben.

5 Du wirst binnen Kurzem Kinder zeugen und sie werden dir Kummer machen.

6 Du wirst dich mit deinen Herren für den Moment nicht aussöhnen. Es würde dir keine Vorteile bringen.

7 Du wirst deinen Antrag schnell einreichen.

8 Du wirst lange Zeit in Reichtum leben, dann aber ein Bettler werden.

9 Du wirst für den Moment keine Werkstatt eröffnen. Warte ab.

10 Du wirst schnell wieder gesund. Freu dich!

40. Zehnergruppe

1 Du wirst nicht Marktleiter werden.

2 Du wirst deinen Freund nicht beerben. Hoffe nicht darauf.

3 Du wirst ein schönes Lebensende haben, aber so wird es erst kurz vor deinem Tod werden.

4 Der Entlaufene bleibt für den Moment für dich unauffindbar.

5 Du wirst ein hohes Amt bekleiden und ein schönes Leben führen.

6 Du wirst deine Mutter sehr bald beerben.

7 Du wirst deinen Vater nie beerben.

8 Du wirst freikommen, weil jemand sich für dich einsetzen wird.

9 Du wirst nicht im Geringsten verachtet werden. Keine Angst.

10 Der Säugling wird gerettet werden und schnell zu Kräften kommen.

41. Zehnergruppe

1 Dein Vermögen wird dir nicht bleiben.

2 Du wirst die Mitgift nicht erhalten, sofern du keinen Prozess darum führst.

3 Du wirst deine Eltern nicht beerben, denn du stirbst vor ihnen.

4 Du wirst keine Kinder mit ihr haben. Erwarte es nicht.

5 Du wirst dich mit deinen Herren bald versöhnen.

6 Du wirst deinen Antrag nicht sofort einreichen und das wird dir nutzen.

7 Du wirst später glücklich werden und lange leben.

8 Du wirst eine Werkstatt eröffnen und reich werden.

9 Du wirst dich von deiner Krankheit nicht erholen.

10 Du wirst kein Lehrer werden. Ergreife einen anderen Beruf.

42. Zehnergruppe

1 Du wirst nicht siegen. Frag nicht weiter.

2 Du wirst eine unerwartete Erbschaft machen.

3 Verpachte nicht sofort. Warte ab, keine Eile!

4 Du wirst Verwalter werden und von vielen Leuten Vorwürfe gemacht bekommen.

5 Deine Frau wird keine Fehlgeburt erleiden. Freu dich!

6 Verleihe kein Geld. Denn du wirst es erst spät zurückerhalten.

7 Du wirst die Fracht verkaufen und Gewinn machen.

8 Du wirst nicht freikommen. Sei geduldig.

9 Du wirst die Frau gewinnen, die du begehrst, und wohlhabend sein.

10 Der Kranke wird für lange Zeit nicht genesen.

43. Zehnergruppe

1 Es ist dir nicht bestimmt, Geschäfte zu machen.

2 Du wirst von deinem Freund nur wenig Nutzen haben.

3 Du wirst verkaufen und es bereuen, weil es du keinerlei Vorteil daraus ziehen wirst.

4 Wohin du auch gehst, du wirst dort nicht bleiben. Es wird dir nämlich keinen Nutzen bringen.

5 Du wirst einen Teil deines Lohns erhalten.

6 Du wirst das anvertraute Geld nicht zurückerhalten.

7 Es bringt dir keinen Nutzen, deine Freundin zu heiraten.

8 Hinterlege kein Pfand, du wirst nämlich verlieren.

9 Du kannst ausgesprochen guter Hoffnung sein.

10 Du wirst für den Moment keine Berufung ins Amt erhalten.

44. Zehnergruppe

1 Es ist dir nicht bestimmt, im Heer zu dienen.

2 Frage, und du wirst die Wahrheit hören.

3 Du wirst mit dem Schiff verreisen und plötzlich in einen Sturm geraten.

4 Der Gefangene wird sofort freikommen.

5 Du wirst dich mit deiner Frau aussöhnen und es später bereuen.

6 Du wirst Bischof werden, wenn du alt bist.

7 Du wirst als Ehebrecher entlarvt und bestraft werden.

8 Du wirst das Land nicht kaufen. Erwarte es nicht.

9 Deine Freundin wird nicht bei dir bleiben. Sie liebt nämlich einen anderen.

10 Deine Frau wird bis ins Alter bei dir bleiben.

45. Zehnergruppe

1 Du wirst deine Eltern beerben.

2 Du wirst zu deiner Freude einen Jungen und ein Mädchen zeugen.

3 Du wirst dich mit deinen Herren aussöhnen und davon profitieren.

4 Du wirst deinen Antrag vergebens einreichen.

5 Du hast nicht lange zu leben. Mach dein Testament.

6 Du wirst keine Werkstatt eröffnen. Es ist dir nämlich nicht bestimmt.

7 Du wirst von deiner Krankheit genesen, aber erst später.

8 Du wirst Lehrer werden und bei der Arbeit Erfolg haben.

9 Du wirst das Verlorene sehr bald finden. Sei also aufmerksam.

10 Du wirst nicht zu dem Zeitpunkt Marktleiter werden, zu dem du es willst, denn du wirst daran gehindert.

46. Zehnergruppe

1 Du heiratest, und das wird für dich von Vorteil sein.

2 Du wirst die angebotene Ware nicht kaufen.

3 Du wirst aufgrund deiner vielen Anstrengungen Erfolg haben.

4 Schließ das Geschäft keinesfalls ab. Es bringt dir nämlich nichts ein.

5 Du wirst plötzlich ins Ausland gehen und großen Nutzen davon haben.

6 Du wirst zu deinem Vorteil aufsteigen, wenn du es am wenigsten erwartest.

7 Du wirst dich an dem Geschäft beteiligen, Verlust erleiden und es bereuen.

8 Du wirst im Heer dienen und schnell zu deinem Vorteil aufsteigen.

9 Frage voll Vertrauen und höre die Wahrheit!

10 Du wirst erst einige Hindernisse überwinden müssen, aber dann glücklich verreisen.

47. Zehnergruppe

1 Du wirst erst später Rechenschaft für dich ablegen.

2 Du wirst von der Anklage freigesprochen.

3 Der Verreiste wird in Kürze gut gelaunt zurückkehren.

4 Du wirst deine Schulden in Raten zurückzahlen. Keine Angst.

5 Du wirst dir mit Hilfe eines Schuldscheins Geld leihen und diesen im richtigen Moment zerreißen.

6 Sie wird ein Kind zur Welt bringen, das dir nur Kummer bereitet. Sei nicht traurig.

7 Du wirst von deinem Ort wegziehen. Sei bereit und freu dich.

8 Es ist dir bestimmt, Schaden zu erleiden. Pass besonders auf.

9 Du wirst heiraten, es bereuen und dir selbst Vorwürfe machen.

10 Du wirst die angebotene Ware nicht kaufen.

48. Zehnergruppe

1 Du wirst niemals Feldherr werden.

2 Es ist dir nicht bestimmt, jetzt einen Tod zu sehen. Keine Angst.

3 Du wirst siegen. Kämpfe auf Leben und Tod.

4 Du wirst erben und bald darauf sterben.

5 Du wirst verpachten und großen Gewinn machen.

6 Du wirst Verwalter werden, aber man wird dich beneiden und verklagen.

7 Sie wird keine Fehlgeburt haben. Hab keine Angst, sondern freu dich.

8 Verleih das Geld. Du wirst es nämlich wie erwünscht zurückerhalten.

9 Du wirst die Fracht zu einem guten Preis verkaufen.

10 Du wirst aus der Gefangenschaft freikommen. Sei guten Mutes.

49. Zehnergruppe

1 Du wirst die Frau bekommen, die du willst.

2 Der Kranke wird mit großem Aufwand geheilt werden.

3 Du wirst dich vor der falschen Anklage nicht verwahren können. Suche einen Weg, sie zu entkräften.

4 Du wirst deine Frau beerben, aber nicht als Einziger.

5 Streng den Prozess nicht sofort an. Du wirst nämlich unterliegen.

6 Dein ganzes Vermögen wird dir bleiben.

7 Du wirst die Mitgift nicht erhalten.

8 Du wirst deine Eltern als Einziger beerben.

9 Du wirst Kinder zeugen und große Freude an ihnen haben.

10 Du wirst dich nicht sofort mit deinen Herren aussöhnen.

50. Zehnergruppe

1 Du wirst vorerst kein Amt bekleiden können.

2 Du wirst die Hälfte vom Erbe deines Vaters erhalten.

3 Du wirst deine Mutter nicht beerben. Hoffe nicht darauf.

4 Du wirst nicht sofort freikommen, sondern erst in einiger Zeit.

5 Niemand wird dich verachten. Keine Angst, nur Mut!

6 Der Säugling wird mit Mühe gerettet werden.

7 Du wirst dank einem guten Freund von der Anklage freigesprochen.

8 Du wirst binnen Kurzem Rechenschaft für dich ablegen und alles wird sich zum Guten wenden.

9 Der Verreiste wird gesund zurückkehren.

10 Zahl deine Schulden nicht sofort zurück. Warte ab.

51. Zehnergruppe

1 Dein Besitz wird dir bleiben.

2 Du wirst dich mit deiner Freundin bald entzweien.

3 Du wirst in Kürze Bischof werden, aber es bereuen.

4 Du wirst als Ehebrecher entlarvt werden, aber keinen Schaden nehmen.

5 Du wirst den Besitz kaufen, den du begehrst.

6 Du wirst bis ins Alter Presbyter bleiben.

7 Deine Frau wird nicht bei dir bleiben, sie begeht nämlich Ehebruch.

8 Du wirst von deinem Stück Land loskommen. Kümmere dich darum.

9 Du wirst bald einer der führenden Politiker werden.

10 Du wirst deine Heimat nicht sofort wiedersehen.

52. Zehnergruppe

1 Wenn du sofort verpachtest, wirst du einen Schaden erleiden.

2 Du wirst sehr bald ein exzellenter Verwalter sein.

3 Sie wird eine Fehlgeburt erleiden und in Lebensgefahr schweben.

4 Wenn du Geld verleihst, wirst du es erst spät und unter großer Mühe zurückerhalten.

5 Du wirst die Fracht schnell verkaufen und dich freuen.

6 Du wirst bald aus der Gefangenschaft freikommen.

7 Du wirst die Frau bekommen, die du willst, aber zu deinem Schaden.

8 Der Kranke wird in Lebensgefahr geraten, aber gerettet werden.

9 Du wirst von der falschen Anklage erst in einem Berufungsprozess freigesprochen werden.

10 Du wirst deine Frau nicht beerben. Erhoffe es nicht.

53. Zehnergruppe

1 Du wirst den Flüchtigen nicht finden.

2 Du wirst ein Amt bekleiden, glücklich sein und geachtet werden.

3 Du wirst deine Mutter als Einziger beerben.

4 Du wirst deinen Vater nicht beerben. Du stirbst nämlich vor ihm.

5 Du wirst in einem Berufungsprozess freikommen, für den du viel Geld aufwenden musst.

6 Du wirst zutiefst verachtet werden. Aber mach dir darum keine Gedanken.

7 Der Säugling wird nicht überleben, sondern stirbt sofort.

8 Du wirst von der Anklage nicht freigesprochen werden. Richte dich darauf ein.

9 Leg sofort Rechenschaft für dich ab. Du wirst davon profitieren.

10 Der Verreiste kommt nicht zurück, er ist in der Fremde nämlich beschäftigt.

54. Zehnergruppe

1 Deine Frau wird nicht bei dir bleiben.

2 Du wirst von deinem Stück Land nicht loskommen.

3 Du wirst kein führender Politiker. Erhoffe es nicht.

4 Du wirst deine Heimat bald wiedersehen.

5 Du wirst nicht erreichen, was du erstrebst.

6 Du wirst ein Erbe erhalten, aber großen Schaden dadurch erleiden.

7 Du bist nicht vergiftet, sondern verhext worden.

8 Du wirst dich mit deiner Frau nicht sofort entzweien. Sei standhaft.

9 Der Entlaufene wird noch eine Zeitlang für dich unauffindbar bleiben.

10 Du wirst vorerst kein Ratsmitglied. Warte ab.

55. Zehnergruppe

1 Du wirst keinen Begleiter erhalten.

2 Du wirst an deinen Ort zurückversetzt werden.

3 Du wirst Geschäfte machen und Gewinn erzielen.

4 Dein Freund wird dir nicht von Nutzen sein.

5 Verkaufe nicht, denn das bringt dir nichts ein. Warte ab.

6 Du wirst noch eine kurze Weile bleiben, wo du dich im Moment aufhältst.

7 Du wirst deinen Lohn erst später erhalten.

8 Du wirst dein Pfand ungefährdet zurückerhalten.

9 Du wirst deine Freundin nicht heiraten. Täusche dich nicht!

10 Hinterlege kein Pfand! Du wirst nämlich unterliegen.

56. Zehnergruppe

1 Du wirst Rechenschaft für dich ablegen.

2 Der Verreiste wird nicht sofort zurückkehren.

3 Zahl deine Schulden schnell zurück, wenn du willst.

4 Du wirst nicht sofort Geld leihen können. Warte ab.

5 Sie wird das Kind unter Lebensgefahr gebären.

6 Du wirst von deinem Ort wegziehen, und das zu deinem Vorteil.

7 Du wirst einen geringen Schaden erleiden. Aber sei nicht traurig.

8 Du wirst nicht sofort heiraten. Warte ab, das ist nämlich zu deinem Vorteil.

9 Du wirst die angebotene Ware kaufen und deine Freude daran haben.

10 Du wirst schnell Erfolg haben und viele Vorteile daraus ziehen.

57. Zehnergruppe

1 Du wirst kein Erbe antreten. Erwarte es nicht.

2 Du bist vergiftet worden. Hilf dir selbst.

3 Du wirst dich mit deiner Frau versöhnen, es aber bereuen.

4 Der Entlaufene wird zunächst unauffindbar für dich bleiben.

5 Du wirst nicht sofort Ratsmitglied. Denke nach!

6 Du wirst nicht der einzige Gesandte sein und das ist vorteilhaft für dich.

7 Du wirst nicht verbannt werden. Keine Angst, sei guten Mutes!

8 Du wirst wohlhabend und glücklich sein.

9 Du wirst kaufen, was du begehrst, wirst es aber bereuen.

10 Du hast keine Möglichkeit, sofort zu verkaufen. Warte mit dem Geschäft noch ab.

58. Zehnergruppe

1 Du wirst mit dem Geschäft einen kleinen Gewinn erzielen.

2 Der Verreiste lebt und wird in einiger Zeit zurückkehren.

3 Du wirst das Geld nach einiger Zeit erhalten.

4 Du wirst nicht sofort einen Begleiter erhalten.

5 Du wirst in deinen Ort zurückversetzt werden.

6 Wenn du das Geschäft abschließt, wirst du einen Schaden erleiden.

7 Du wirst nicht zu deinem Vorteil verkaufen.

8 Du wirst von deinem Freund große Hilfe erhalten.

9 Wenn du dich beeilst, wirst du dort, wo du hingehst, auch bleiben.

10 Du wirst einen guten Lohn erhalten.

59. Zehnergruppe

1 Du wirst kein Kleriker werden.

2 Du wirst nicht sofort Feldherr werden. Hoffe nicht darauf.

3 Es ist dir nicht bestimmt, einen Tod zu sehen.

4 Du wirst nicht auf ganzer Linie siegen. Hoffe nicht darauf.

5 Du wirst erben, aber nicht als Alleinerbe.

6 Verpachte, denn es bringt dir große Vorteile.

7 Es ist dir nicht bestimmt, Verwalter zu werden.

8 Sie wird keine Fehlgeburt erleiden. Hab keine Angst.

9 Verleihe kein Geld, sonst wirst du es bereuen.

10 Du wirst die Fracht zu einem guten Preis verkaufen und dich darüber freuen.

60. Zehnergruppe

1 Du wirst verkaufen, aber nicht sofort.

2 Du wirst für kurze Zeit dort bleiben, wo du hingehst.

3 Du wirst alsbald einen guten Lohn erhalten.

4 Du wirst das Pfand zurückerhalten.

5 Du wirst deine Freundin heiraten, aber nicht sofort.

6 Hinterlege das Pfand. Du wirst nämlich siegen.

7 Du kannst ganz und gar nicht auf Vertrauen hoffen.

8 Du wirst schnell die Berufung ins Amt erhalten.

9 Du wirst erst nach längerer Zeit Kleriker werden.

10 Du wirst niemals Feldherr werden. Hoffe nicht darauf.

61. Zehnergruppe

1 Sie wird eine Fehlgeburt erleiden und in Lebensgefahr geraten.

2 Du wirst dir gegen eine Hypothek so viel leihen, wie du willst.

3 Du wirst die Fracht erst nach einiger Zeit verkaufen. Verliere nicht die Hoffnung.

4 Du wirst nicht aus der Gefangenschaft freikommen.

5 Du wirst die Frau, die du willst, nicht bekommen.

6 Der Kranke wird nach einer langen Leidenszeit wieder gesunden.

7 Du wirst dank eines Freundes von der falschen Anklage freigesprochen.

8 Du wirst deine Frau nicht beerben.

9 Beeil dich und führe den Rechtsstreit sofort.

10 Dein Besitz wird dir nicht lange erhalten bleiben.

62. Zehnergruppe

1 Du wirst keine lange Lebenszeit haben.

2 Du wirst nicht sofort eine Werkstatt eröffnen.

3 Du wirst deine Krankheit nicht überleben. Mache dein Testament.

4 Du wirst zunächst kein Lehrer werden. Mache irgendetwas anderes.

5 Du wirst das Verlorene zunächst nicht finden.

6 Du wirst fürs Erste kein Marktleiter. Hoffe nicht darauf.

7 Du wirst deinen Freund jetzt nicht beerben.

8 Dir ist kein gutes Lebensende bestimmt. Sei vorsichtig.

9 Du wirst den Entlaufenen jetzt nicht finden.

10 Du wirst nicht sofort ein Amt bekleiden, aber in einiger Zeit.

63. Zehnergruppe

1 Du wirst im Heer dienen, aber zu deinem Schaden.

2 Deine Arbeit wird mühsam und voller Strapazen sein.

3 Deine Seereise wird gut und erfreulich verlaufen.

4 Der Gefangene wird nicht sofort freikommen.

5 Du wirst dich mit deiner Freundin aussöhnen, und das zu deinem Vorteil.

6 Es ist dir vom Schicksal nicht bestimmt, Bischof zu werden.

7 Du bist zwar ein Ehebrecher, aber auch deine Frau liebt einen anderen.

8 Du wirst nicht sofort ein Stück Land oder ein Haus kaufen.

9 Du wirst nicht Presbyter bleiben.

10 Deine Frau wird nicht bei dir bleiben.

64. Zehnergruppe

1 Der Verreiste wird nicht lebend zurückkehren.

2 Sende wegen des Geldes schnell eine Botschaft.

3 Du wirst einen Begleiter erhalten, wie du es wünschst.

4 Du wirst in deinen Ort erst zurückversetzt werden, wenn du ein alter Mann bist.

5 Wenn du mit einem anderen ein Geschäft machst, ist das zu deinem Vorteil.

6 Dein Freund wird dir keine Hilfe sein.

7 Du wirst verkauft werden und es in jedem Fall bereuen.

8 Du wirst dort bleiben, wo du hingehst, und glücklich sein.

9 Du wirst hinsichtlich des Lohns zu einer Einigung gelangen.

10 Du wirst dein Pfand nicht zurückerhalten.

65. Zehnergruppe

1 Du wirst nicht Presbyter bleiben.

2 Deine Frau wird nicht bis ins Alter bei dir bleiben.

3 Du wirst von deinem Stück Land bis zu deinem Tod nicht loskommen.

4 Du wirst schnell einer der führenden Politiker werden.

5 Es ist dir nicht bestimmt, deine Heimat wiederzusehen.

6 Du wirst schnell erreichen, was du erstrebst.

7 Du wirst ein Erbe antreten, aber nur ein kleines.

8 Du bist vergiftet worden. Hilf dir selbst.

9 Du wirst dich niemals mit deiner Frau entzweien.

10 Der Entlaufene wird für dich kurze Zeit unauffindbar bleiben.

66. Zehnergruppe

1 Du wirst wohlhabend sein.

2 Du wirst nicht kaufen, was du begehrst. Es ist nämlich nichts, was dir nutzen würde.

3 Du wirst verkaufen und einen großen Gewinn erzielen.

4 Dein Besitz wird zwangsversteigert werden und du wirst dir einen neuen erwerben.

5 Du wirst mit dem Geschäft einen kleinen Gewinn erzielen.

6 Der Verreiste lebt und wird gesund heimkehren.

7 Du wirst deinen Geldanteil erhalten.

8 Du wirst nicht sofort einen Begleiter erhalten.

9 Du wirst nicht in deinen Ort zurückversetzt werden.

10 Wenn du mit einem anderen ein Geschäft eingehst, wird das zu deinem Schaden sein.

67. Zehnergruppe

1 Du wirst für kurze Zeit in die Verbannung gehen müssen.

2 Du wirst nicht sehr wohlhabend sein.

3 Du wirst kaufen, was du begehrst, und deine Freude daran haben.

4 Du wirst erst später einen Weg zum Verkaufen finden, aber ein gutes Geschäft abschließen.

5 Dein Besitz wird nicht zwangsversteigert. Keine Angst!

6 Du wirst mit deinem Geschäft einen großen Gewinn erzielen.

7 Der Verreiste kehrt nicht zurück, er lebt nämlich nicht mehr.

8 Du wirst das Geld sofort erhalten.

9 Du wirst für den Moment keinen Begleiter erhalten.

10 Du wirst nicht in deinen Ort zurückversetzt werden.

68. Zehnergruppe

1 Du wirst deinen Vater nicht beerben.

2 Du wirst nicht sofort freikommen. Erwarte es nicht.

3 Du wirst nicht verachtet werden. Es gibt vielmehr Grund zur Freude.

4 Der Säugling wird mit Mühe gerettet werden.

5 Du wirst von der Anklage erst in einem Berufungsprozess freigesprochen werden.

6 Du wirst Rechenschaft für dich ablegen, aber nicht zu deinem Vorteil.

7 Der Verreiste wird fröhlich zurückkehren.

8 Du wirst deine Schulden nicht sofort begleichen, sondern erst später.

9 Du wirst bei der von dir gewünschten Person Geld leihen können, aber erst später.

10 Sie wird ein Kind zur Welt bringen, aber es wird dir keinen Nutzen bringen.

69. Zehnergruppe

1 Du wirst sehr bald eine Schiffsreise antreten.

2 Der Gefangene wird jetzt freikommen.

3 Du wirst dich mit deiner Frau in einiger Zeit wieder versöhnen.

4 Es ist dir nicht bestimmt, Bischof zu werden. Hoffe nicht darauf.

5 Du wirst nicht als Ehebrecher entlarvt werden.

6 Du wirst ein Stück Land oder ein Haus kaufen.

7 Deine Frau wird bei dir bleiben, weil sie bescheiden ist.

8 Deine Frau wird nicht bei dir bleiben, sie hat nämlich einen Freund.

9 Du wirst dich mit deiner Freundin entzweiten, weil du eifersüchtig bist.

10 Du wirst niemals einer der führenden Politiker werden.

70. Zehnergruppe

1 Du wirst von deiner Krankheit geheilt werden.

2 Du wirst kein Lehrer werden. Ergreife einen anderen Beruf.

3 Du wirst das Verlorene schnell finden und dich freuen.

4 Du wirst Marktleiter werden und große Vorteile daraus ziehen.

5 Vom Erbe deines Freundes wirst du die Hälfte erhalten.

6 Du wirst ein schönes Lebensende genießen. Bete nur.

7 Du wirst den Entlaufenen schnell finden.

8 Du wirst ein hohes Amt bekleiden, ein glückliches Leben führen und geachtet sein.

9 Du wirst von deiner Mutter kein Erbe erhalten, weil es für einen anderen bestimmt ist.

10 Du wirst Alleinerbe deines Vaters sein.

71. Zehnergruppe

1 Sie wird unter Lebensgefahr ein Kind gebären.

2 Du wirst plötzlich aus deiner Heimat wegziehen und dadurch große Vorteile haben.

3 Bei diesem Geschäft wirst du Schaden erleiden, bei einem aber profitieren.

4 Wenn du dich beeilst, zu heiraten, wird die Hochzeit zu deinem Vorteil stattfinden.

5 Du wirst die angebotene Ware nicht kaufen:
Du besitzt nämlich nicht genug Geld.

6 Du wirst letztlich Erfolg haben und Macht besitzen.

7 Du wirst mit anderen Leuten ein Geschäft machen und Gewinn erzielen.

8 Du wirst plötzlich ins Ausland gehen und Gewinn erzielen.

9 Du wirst nicht sofort aufsteigen. Hoffe nicht darauf.

10 Du wirst dich zu deinem Vorteil an dem Geschäft beteiligen.

72. Zehnergruppe

1 Du wirst kein Ratsmitglied werden.

2 Du wirst nicht der einzige Gesandte sein. Es wäre auch nicht zu deinem Vorteil.

3 Du wirst nicht verbannt werden. Keine Angst.

4 Du wirst ganz und gar nicht wohlhabend werden.

5 Du wirst kaufen, was du begehrst, es aber bereuen.

6 Du wirst erst nach einer Weile einen Weg zum Verkaufen finden.

7 Dein Besitz wird zwangsversteigert werden. Sei aufmerksam.

8 Du wirst mit dem Geschäft Gewinn machen. Sei aufmerksam.

9 Der Verreiste wird mit einem guten Freund heimkehren.

10 Du wirst nicht das ganze Geld erhalten.

73. Zehnergruppe

1 Du wirst weder ein Stück Land noch ein Haus kaufen.

2 Du wirst bis ins Alter Presbyter bleiben.

3 Deine Frau wird nicht bei dir bleiben. Sie begeht nämlich Ehebruch.

4 Du wirst im Alter von deinem Stück Land loskommen.

5 Du wirst unverhofft einer der führenden Politiker werden.

6 Es ist dir bestimmt, deine Heimat wiederzusehen, aber erst später.

7 Du wirst schnell erreichen, was du erstrebst.

8 Du wirst ein Erbe erhalten, aber nur ein kleines.

9 Du bist nicht vergiftet worden. Warum sorgst du dich unnötig?

10 Du wirst dich nicht von deiner Frau trennen. Sei unbesorgt.

74. Zehnergruppe

1 Du wirst dich vor der falschen Anklage nicht schützen können.

2 Du wirst der Alleinerbe deiner Frau sein.

3 Strenge den Prozess sofort an. Du wirst nämlich siegen.

4 Dein Besitz wird dir nicht bis ins Alter bleiben.

5 Du wirst keine Mitgift erhalten. Es wird sich nämlich nichts finden, was dafür geeignet wäre.

6 Du wirst deine Eltern nicht beerben, weil sie dich hassen.

7 Du wirst fürs Erste keine Kinder zeugen. Erwarte es nicht.

8 Du wirst dich mit deinen Herren aussöhnen und von ihnen hoch geschätzt werden.

9 Reiche den Antrag ein. Du wirst erreichen, was du anstrebst.

10 Du wirst noch ein langes und schönes Leben führen.

75. Zehnergruppe

1 Du wirst kein Verwalter werden.

2 Sie wird eine Fehlgeburt erleiden, in Lebensgefahr geraten und schließlich sterben.

3 Wenn du Geld verleihst, wirst du es erst spät zurückbekommen.

4 Du wirst die Fracht erst nach einer Weile verkaufen.

5 Du wirst sofort aus der Gefangenschaft freikommen.

6 Du wirst die Frau bekommen, die du wünschst, aber zu deinem Nachteil.

7 Der Kranke wird dank großer Anstrengung geheilt werden.

8 Du wirst von der falschen Anklage vollständig freigesprochen werden.

9 Du wirst nicht der Alleinerbe deiner Frau sein.

10 Kämpfe, strenge den Prozess an. Du wirst nämlich gewinnen.

76. Zehnergruppe

1 Du wirst deine Mutter beerben.

2 Du wirst deine Mutter nicht beerben. Hoffe nicht darauf.

3 Du wirst freikommen, aber nicht sofort.

4 Du wirst zunächst nicht verachtet werden, aber in einiger Zeit.

5 Ziehe den Säugling nicht bei dir auf, rate ich dir.

6 Du wirst aufgrund einer Anklage in Schwierigkeiten geraten.

7 Du wirst Rechenschaft für dich ablegen, aber in übermütiger Weise.

8 Der Verreiste kehrt nicht zurück, er hat nämlich anderes zu tun.

9 Du wirst deine Schulden sofort zurückzahlen

10 Du wirst dir nicht sofort Geld leihen können. Dir vertraut nämlich niemand.

77. Zehnergruppe

1 Du wirst dein Stück Land behalten.

2 Du wirst einer der führenden Politiker, aber nicht auf einem der Wege, die du kennst.

3 Es ist dir bestimmt, dein Vaterland unverhofft wiederzusehen.

4 Du wirst erreichen, was du erstrebst, und wirst hoch geachtet sein.

5 Du wirst kein Erbe erhalten. Hoffe nicht darauf.

6 Du bist nicht vergiftet worden. Keine Angst.

7 Du wirst dich von deiner Frau trennen, und das wird gut für dich sein.

8 Der Entlaufene kann sich nicht vor dir verbergen, sondern du wirst ihn finden.

9 Du wirst Ratsmitglied werden, aber nicht sofort.

10 Du wirst der einzige Gesandte sein und hohes Ansehen erlangen.

78. Zehnergruppe

1 Du wirst einen Tod sehen, den du nicht sehen willst.

2 Du wirst nicht sofort siegen. Sei standhaft.

3 Du wirst nicht sofort erben. Bleib ruhig.

4 Du wirst pachten und den Gewinn erzielen, den du dir wünschst.

5 Du wirst sehr bald Verwalter werden. Niemand steht dir im Weg.

6 Sie wird keine Fehlgeburt erleiden. Sei ganz unbesorgt.

7 Verleihe das Geld gegen eine Hypothek. So wirst du es nicht verlieren.

8 Du wirst die Fracht nicht verkaufen. Bleibe ruhig.

9 Du wirst unverhofft aus der Gefangenschaft freikommen.

10 Du wirst nicht die Frau bekommen, die du willst. Und das ist zu deinem Vorteil.

79. Zehnergruppe

1 Es bringt dir keinen Vorteil, jetzt ein Geschäft abzuschließen.

2 Du wirst plötzlich für lange Zeit ins Ausland gehen.

3 Du steigst nicht sofort auf. Du wirst nämlich daran gehindert.

4 Du wirst dich geschickt an dem Geschäft beteiligen und dich anschließend darüber freuen.

5 Du wirst im Heer dienen und zu deinem Vorteil schnell aufsteigen.

6 Stell deine Frage zur sechsten Stunde und du wirst die Wahrheit erfahren.

7 Du wirst eine glückliche Seereise unternehmen. Zunächst erwarten dich jedoch einige Hindernisse.

8 Der Gefangene wird unter großen Mühen freikommen.

9 Du wirst dich mit deiner Frau versöhnen, und zwar schnell.

10 Du wirst einer der führenden Politiker werden, aber erst später.

80. Zehnergruppe

1 Du wirst dort, wo du hingehst, bleiben.

2 Du wirst keinen Lohn erhalten. Erwarte es nicht.

3 Du wirst das Pfand vollständig zurückerhalten.

4 Du wirst deine Freundin heiraten.

5 Hinterlege das Pfand. Du wirst nämlich gewinnen.

6 Du kannst bester Hoffnung auf Vertrauen sein.

7 Du wirst die Berufung ins Amt erhalten, und zwar schnell.

8 Du wirst kein Kleriker werden. Such dir eine andere Beschäftigung.

9 Du wirst nicht sofort Feldherr werden. Erwarte es nicht.

10 Es ist dir bestimmt, einen Tod zu sehen, und das wird zu deinem Nachteil geschehen.

81. Zehnergruppe

1 Du wirst dich mit deiner Frau entzweien.

2 Der Entlaufene wird sich nicht vor dir verbergen können. Du wirst ihn in Kürze finden.

3 Du wirst später Ratsmitglied werden, aber es wird dir Nachteile bringen.

4 Du wirst der einzige Gesandte sein, aber es wird dir keine Vorteile bringen.

5 Du wirst nicht verbannt werden. Keine Angst, sei guten Mutes.

6 Du wirst wohlhabend sein und viele schöne Dinge erwerben.

7 Du wirst kaufen, was du begehrst, es aber bereuen.

8 Du wirst den Verkauf nicht so tätigen können, wie du willst.

9 Dein Besitz wird in Kürze zwangsversteigert. Sieh dich vor.

10 Du wirst aus dem Geschäft keinerlei Gewinn erzielen.

82. Zehnergruppe

1 Beteilige dich nicht an dem Geschäft. Es bringt dir nämlich keinen Vorteil.

2 Du wirst im Heer dienen, aber nicht zu deinem Vorteil.

3 Du wirst eine anstrengende Arbeit ausüben, dich aber an ihrem vorteilhaften Ergebnis erfreuen.

4 Du wirst unverhofft eine glückliche Seereise unternehmen.

5 Der Gefangene wird nicht freikommen.

6 Du wirst dich mit deiner Freundin nicht entzweien, aus vielen Gründen.

7 Du wirst Bischof werden, nachdem du große Anstrengungen dazu unternommen hast.

8 Du wirst nicht als Ehebrecher entlarvt werden. Keine Angst.

9 Du wird ein Stück Land kaufen, aber nur mit Mühe.

10 Du wirst nicht Presbyter bleiben.

83. Zehnergruppe

1 Du wirst nicht aus der Gefangenschaft freikommen.

2 Du wirst die Frau bekommen, die du willst, und sie wird dich in allem unterstützen.

3 Du wirst schnell von deiner Krankheit genesen, wenn du den ärztlichen Rat aufmerksam befolgst.

4 Du wirst von der falschen Anklage nicht freigesprochen werden, auch nicht wenn du dich anstrengst.

5 Du wirst deine Frau nicht beerben, weil sie ihren Besitz einem anderen hinterlässt.

6 Wenn du den Prozess sofort anstrengst, wirst du ihn gewinnen.

7 Dir wird nur wenig von deinem Besitz bleiben.

8 Du wirst die Mitgift erhalten und sie vergeuden.

9 Du wirst deine Eltern nicht beerben, weil sie ihren Besitz einem anderen hinterlassen.

10 Du wirst vorerst keine Kinder zeugen. Warte ab.

84. Zehnergruppe

1 Dein Freund wird dir keine Hilfe sein.

2 Du wirst gekauft werden und es wird dir bei den Käufern gut ergehen.

3 Du wirst nicht bleiben, wo du hingehst. Dazu hättest du eher aufbrechen müssen.

4 Du wirst deinen Lohn nicht sofort erhalten.

5 Du wirst dein Pfand vollständig zurückerhalten.

6 Du wirst deine Freundin heiraten, aber sie wird nicht bei dir bleiben.

7 Hinterlege kein Pfand. Du wirst nämlich unterliegen.

8 Du kannst bester Hoffnung auf Vertrauen sein.

9 Du wirst die Berufung ins Amt erhalten, wie du es dir wünschst.

10 Du wirst erst in einiger Zeit Kleriker.

85. Zehnergruppe

1 Dein Besitz wird zwangsversteigert werden.

2 Du wirst mit dem Geschäft einen kleinen Gewinn erzielen.

3 Der Verreiste lebt und wird zurückkehren.

4 Du wirst von dem Geld den Anteil bekommen, der dir zusteht.

5 Du wirst einen Begleiter erhalten.

6 Du wirst schnell in deinen Ort zurückversetzt werden.

7 Du wirst mit einem anderen ein Geschäft machen und großen Gewinn dabei erzielen.

8 Dein Freund wird dir keine Hilfe sein.

9 Du wirst verkauft und nicht befreit werden.

10 Du wirst dort, wo du hingehst, bleiben.

86. Zehnergruppe

1 Verleihe kein Geld: Es bringt dir nämlich keinen Vorteil.

2 Du wirst die Fracht schnell verkaufen.

3 Du wirst aus der Gefangenschaft nicht sofort freikommen.

4 Du wirst die Frau, die du willst, erst nach einiger Anstrengung bekommen.

5 Der Kranke wird nach langer Leidenszeit wieder genesen.

6 Du wirst von der falschen Anklage freigesprochen werden, wenn du dich vorsiehst.

7 Du wirst deine Frau beerben, aber nicht du allein.

8 Du wirst den Rechtsstreit gewinnen, wenn du dich bis zuletzt bemühst.

9 Dir bleibt dein Vermögen nicht vollständig erhalten.

10 Du wirst die Mitgift nach einigem Kampf erhalten.

87. Zehnergruppe

1 Du wirst keinen Weg finden, deinen Besitz zu verkaufen.

2 Dein Besitz wird nicht zwangsversteigert werden. Mach dir keine Sorgen.

3 Du wirst mit dem Geschäft überhaupt keinen Gewinn erzielen.

4 Der Verreiste lebt nicht mehr. Warte nicht auf ihn.

5 Du wirst von dem Geld den Anteil bekommen, der dir zusteht.

6 Du wirst nicht sofort einen Begleiter erhalten, aber bald.

7 Du wirst zu deiner Freude in deinen Ort zurückversetzt werden.

8 Wenn du mit einem anderen ein Geschäft machst, wirst du großen Schaden nehmen.

9 Dein Freund wird dir eine große Hilfe sein.

10 Du wirst nicht verkauft, sondern freigelassen werden.

88. Zehnergruppe

1 Du wirst bis in höchste Ämter aufsteigen.

2 Beteilige dich nicht an dem Geschäft. Es bedeutet nämlich keinen Vorteil für dich.

3 Du wirst im Heer dienen und schnell aufsteigen.

4 Du wirst erfolgreich arbeiten und von sehr vielen beneidet werden.

5 Die Ehe wird erst zu spät geschlossen, und zwar aus einem zwingenden Grund.

6 Der Gefangene kommt frei.

7 Du wirst dich mit deiner Freundin zu deinem Unglück versöhnen.

8 Du wirst Bischof werden, aber nicht sofort. Warte ein wenig.

9 Du wirst nicht sofort als Ehebrecher entlarvt werden. Aber sei vorsichtig.

10 Du wirst weder ein Stück Land noch ein Haus kaufen.

89. Zehnergruppe

1 Du wirst einer der führenden Politiker werden.

2 Es ist dir bestimmt, deine Heimat wiederzusehen, und das zu deiner großen Freude.

3 Du wirst erreichen, was du erstrebst.

4 Du wirst ein großes Erbe erhalten, wenn du umsichtig bist.

5 Du bist wirklich vergiftet worden. Hilf dir selbst.

6 Du wirst dich mit deiner Frau zwar versöhnen, aber nur zu deinem Nachteil.

7 Der Entlaufene wird dir noch eine Zeitlang verborgen bleiben.

8 Du wirst Ratsmitglied werden und dadurch zu Reichtum kommen.

9 Du wirst Gesandter sein und deinen Auftrag erfolgreich ausführen.

10 Du wirst verbannt werden.

90. Zehnergruppe

1 Du wirst deine Freundin in Kürze heiraten.

2 Hinterlege das Pfand, denn du wirst gewinnen.

3 Du wirst keinerlei Hoffnung auf Vertrauen haben können.

4 Du wirst in das Amt berufen werden, um das du gebetet hast.

5 Du wirst Kleriker werden, dein Amt aber furchtbar schlecht ausüben.

6 Du wirst Feldherr und bist bis zu deinem Lebensende glücklich.

7 Du wirst bald den Tod eines Familienmitglieds sehen. Aber bleibe standhaft.

8 Du wirst gewinnen. Keine Angst.

9 Du wirst erben, aber große Nachteile dadurch erleiden.

10 Wenn du pachtest, wirst du großen Schaden erleiden.

91. Zehnergruppe

1 Du wirst ins Ausland gehen und sofort zurückkehren.

2 Du wirst jetzt nicht aufsteigen. Sei nicht übermütig.

3 Beteilige dich nicht an dem Geschäft. Es bringt dir keinen Vorteil, sondern Nachteile.

4 Du wirst im Heer dienen und großes Unheil erleiden.

5 Wenn du arbeitest, wirst du davon profitieren.

6 Du wirst eine gefahrvolle Seereise unternehmen, aber sei guten Mutes.

7 Der Gefangene wird in einiger Zeit freikommen.

8 Du wirst dich mit deiner Freundin aussöhnen, aber dadurch Schaden erleiden.

9 Du wirst später Bischof werden.

10 Du wirst nicht als Ehebrecher entlarvt. Keine Angst.

92. Zehnergruppe

1 Beteilige dich an dem Geschäft, denn du wirst davon profitieren.

2 Wenn du ins Ausland gehst, wirst du Schaden erleiden.

3 Dir wird der Aufstieg zuteil, um den du gebetet hast.

4 Es bringt dir keinen Vorteil, dich an dem Geschäft zu beteiligen.

5 Du wirst nicht im Heer dienen. Erwarte es nicht.

6 Stelle deine Frage und höre die Wahrheit – aber fürchte dich!

7 Du wirst eine Seereise unternehmen, aber nicht sofort.

8 Der Gefangene ist in großer Gefahr und wird ums Leben kommen.

9 Du wirst dich mit deiner Freundin nicht entzweien.

10 Es ist dir nicht bestimmt, Bischof zu werden. Erwarte es nicht.

93. Zehnergruppe

1 Du wirst jetzt nicht ins Ausland gehen.

2 Du wirst plötzlich aufsteigen, aber nicht so, wie du es kennst.

3 Du wirst dich an dem Geschäft beteiligen und einen Verlust erleiden.

4 Du wirst nicht sofort im Heer dienen. Warum hast du es damit eilig?

5 Wenn du vertrauensvoll fragst, dann stell jetzt deine Frage.

6 Nach einigen Hindernissen wirst du eine Seereise unternehmen, die große Vorteile für dich bringen wird.

7 Der Gefangene kommt frei.

8 Du wirst dich mit deiner Frau aussöhnen, es aber bereuen.

9 Du wirst Bischof werden, aber erst später.

10 Du wirst nicht sofort als Ehebrecher ertappt werden, aber später.

94. Zehnergruppe

1 Du wirst deine Fracht nicht sofort verkaufen.

2 Du wirst aus der Gefangenschaft freikommen.

3 Du wirst nicht die Frau bekommen, die du willst.

4 Du wirst schnell von der Krankheit genesen.

5 Du wirst vor der falschen Anklage nicht geschützt sein.

6 Du wirst deine Mutter beerben.

7 Streng den Prozess an, denn du wirst ihn gewinnen.

8 Du wirst deinen Besitz behalten.

9 Du wirst den Anteil an der Mitgift erhalten, der dir zusteht.

10 Du wirst deine Eltern nicht beerben. Du stirbst nämlich vor ihnen.

95. Zehnergruppe

1 Hinterlege das Pfand. Du wirst nämlich gewinnen.

2 Du kannst Hoffnung auf Vertrauen haben.

3 Du wirst die Berufung ins Amt erhalten.

4 Du wirst erst nach langer Zeit Kleriker werden.

5 Feldherr zu sein wird dir keinen Vorteil bringen.

6 Du wirst nicht sofort einen Tod sehen.

7 Du wirst nicht gewinnen. Sei ruhig.

8 Du wirst erben, aber nicht als Alleinerbe.

9 Wenn du pachtest, wird das zu deinem Schaden sein.

10 Du wirst Verwalter werden, Vertrauen gewinnen und hochgeschätzt sein.

96. Zehnergruppe

1 Du wirst deinen Freund nicht beerben.

2 Du wirst kein schönes Lebensende haben. Sieh dich vor.

3 Du wirst den Flüchtigen sofort finden, sei unbesorgt.

4 Es ist dir nicht bestimmt, in Kürze ein Amt zu bekleiden. Was erwartest du?

5 Du wirst deine Mutter beerben, aber nicht als Alleinerbe.

6 Du wirst deinen Vater beerben, aber nicht als Alleinerbe.

7 Du wirst später freikommen. Aber sei nicht traurig.

8 Du wirst nicht verachtet werden. Keine Angst, sei guten Mutes.

9 Der Säugling wird nicht überleben, sondern sterben.

10 Du wirst nach kurzem Prozess von der Anklage freigesprochen werden.

97. Zehnergruppe

1 Du wirst Erfolg haben. Freu dich.

2 Schließ kein Geschäft ab, sondern warte vorerst.

3 Du gehst vorerst nicht ins Ausland, du wirst nämlich daran gehindert.

4 Du wirst aufsteigen und schnell Erfolg haben.

5 Du wirst in Kürze im Heer dienen und sehr davon profitieren.

6 Du wirst dich an dem Geschäft beteiligen, aber keinen Vorteil daraus ziehen, sondern Schaden erleiden.

7 Stell deine Fragen, wenn du ein reines Gewissen hast.

8 Du wirst eine Seereise unternehmen, nachdem du zunächst einige Hindernisse überwunden hast.

9 Der Gefangene wird freikommen.

10 Du wirst dich mit deiner Freundin entzweien, weil sie sich falsch verhält, und das wird besser für dich sein.

98. Zehnergruppe

1 Du wirst dich an dem Geschäft beteiligen und Schaden erleiden.

2 Du wirst jetzt nicht im Heer dienen, warte ab.

3 Es ist nicht die richtige Zeit, Fragen zu stellen.

4 Du wirst jetzt keine Seereise unternehmen. Du bist nämlich selbst nicht bereit dazu.

5 Der Gefangene wird nicht freikommen.

6 Du wirst dich mit deiner Freundin nicht entzweien.

7 Du wirst Bischof werden, wenn du den Klerus liebst.

8 Du wirst später als Ehebrecher entlarvt werden, hast aber nichts zu befürchten.

9 Du wirst dank deiner eigenen Anstrengungen ein Stück Land oder ein Haus kaufen.

10 Du wirst bis zu deinem Tod Presbyter bleiben.

99. Zehnergruppe

1 Du wirst keine Werkstatt eröffnen.

2 Der Kranke wird nicht genesen, sondern sterben.

3 Du wirst plötzlich Lehrer werden und hohe Achtung genießen.

4 Du wirst das Verlorene erst später wiederfinden.

5 Du wirst Marktleiter werden, aber nicht sofort.

6 Du wirst deinen Freund nicht beerben.

7 Du wirst kein schönes Lebensende haben, sondern ein leidvolles.

8 Du wirst den Flüchtigen nicht finden.

9 Du wirst vorerst nicht das Amt bekleiden, das du dir erhoffst. Erwarte es nicht.

10 Du wirst deine Mutter nicht beerben. Hoffe nicht darauf.

100. Zehnergruppe

1 Du wirst die Mitgift nicht erhalten.

2 Du wirst deine Eltern nicht beerben, du stirbst nämlich vor ihnen.

3 Du wirst Nachwuchs haben, aber nicht sofort. Warte ab.

4 Du wirst dich mit deinen Herren nicht versöhnen, aber davon profitieren.

5 Du wirst deinen Antrag wie erhofft durchsetzen.

6 Du hast nicht mehr lange zu leben.

7 Du wirst unverhofft eine Werkstatt eröffnen.

8 Der Kranke wird geheilt werden. Keine Angst.

9 Du wirst Lehrer sein und hohes Ansehen genießen.

10 Du wirst das Verlorene nicht mehr wiederfinden.

101. Zehnergruppe

1 Stell deine Frage zur dritten Stunde, aber nur ein Mal.

2 Du wirst eine Seereise unternehmen, aber dabei Schwierigkeiten begegnen.

3 Du wirst im Heer dienen und es sehr bereuen.

4 Du wirst dich an dem Geschäft beteiligen und großen Schaden dadurch erleiden.

5 Du wirst nicht sofort aufsteigen können, weil du gehindert wirst.

6 Du wirst ins Ausland gehen und es wird zu deinem Besten sein.

7 Du wirst dank großer Anstrengungen Erfolg haben.

8 Schließ das Geschäft nicht ab, denn du würdest davon großen Schaden erleiden.

9 Du wirst ein Stück Land oder ein Haus kaufen.

10 Du wirst vorerst nicht in Gefahr geraten. Sei wachsam.

102. Zehnergruppe

1 Du wirst von der Anklage sofort freigesprochen werden.

2 Du wirst sofort Rechenschaft ablegen, und zwar zu deinem Vorteil.

3 Der Verreiste kehrt nicht zurück, er hat sich nämlich in eine Frau verliebt.

4 Du wirst deine Schulden nicht sofort zurückzahlen.

5 Du wirst dir Geld leihen und keinen Verlust machen, sondern Gewinn.

6 Du wirst Nachwuchs bekommen, aber dein Kind wird dir keinen Nutzen bringen.

7 Du wirst nicht von deinem Ort wegziehen. Keine Sorge.

8 Dir ist es bestimmt, nur wenig Schaden zu erleiden. Sei unbesorgt.

9 Du wirst heiraten, aber die Ehe bereuen, weil sie dir großen Kummer bereiten wird.

10 Du wirst die angebotene Ware nicht kaufen, weil du nicht genug Geld besitzt.

103. Zehnergruppe

1 Du wirst nicht Kleriker werden.

2 Du wirst nicht Bischof werden. Warte nicht darauf.

3 Du wirst binnen Kurzem als Ehebrecher entlarvt werden.

4 Du wirst weder ein Stück Land noch ein Haus kaufen.

5 Du wirst mit deinem Stück Land und dir selbst unzufrieden sein.

6 Deine Frau wird bei dir bleiben. Sie ist nämlich bescheiden.

7 Du wirst in Kürze von deinem Stück Land loskommen.

8 Du wirst einer der führenden Politiker werden und hohes Ansehen genießen.

9 Du wirst deine Heimat nicht wiedersehen.

10 Der Gefangene wird vorerst nicht freikommen.